MITGESTALTUNG DURCH VERANTWORTUNG

GÜNTER TOTH

Die LINKE
Chance Deutschlands

GÜNTER TOTH

Mitgestaltung durch Verantwortung

Die LINKE

Chance Deutschlands

©Deutschland, 2009

Herstellung und Verlag:
Books on Demand GmbH, Norderstedt
ISBN 978-3-8391-1189-5

Den vergessenen und verleumdeten Kindern, die in

unserem Land in Armut leben

und unserem Land,

dass es nicht eines Tages die Gleichgültigkeit gegen-

über der Armut seiner Kinder bereuen muß!

Inhalt

Wer bis von kurzer Zeit noch laut darüber nachdachte, ob es möglich sein könnte, seine Stimme bei der nächsten Wahl der neu entstandenen Partei „Die LINKE" zu geben, der hatte sich von so manchem angeblichen Demokraten viel Schelte anhören müssen. Wie gesagt, bis vor gar nicht langer Zeit. In den letzten Monaten hat die Haltung gegenüber der neuen Linken im Volk eine beachtliche Veränderung erfahren. Warum ist das so? Warum plappern die Leute nicht mehr den Unsinn nach, der ihnen von vorzugsweise Unionspolitikern vorgekaut wird: „Die Kommunisten sind nicht wählbar! Das sind Feinde der Demokratie! Die werden unseren Staat durch ihre Misswirtschaft zerstören und in den Bankrott treiben! Die haben keine Ahnung von Wirtschaft, sondern sie werden Deutschland nach dem Muster der alten DDR ruinieren!"

So und ähnlich lauteten und lauten bis heute die schwachsinnigen Hetzparolen der so genannten „bürgerlichen Parteien", die auf nichts anderes abzielen, als in den Menschen jene Angst zu schüren, eine Abwendung von den etablierten Parteien – insbesondere von der Union, die am katastrophalen Zustand unserer Demokratie die Hauptschuld trägt – würde unmittelbar mit dem Untergang unseres Staates, unserer Demokratie und auch mit den wirtschaftlichen Ersparnissen der Bürger verbunden sein. Dabei steht heute fest, dass die Union den Part, einen Staatsbankrott herbeizuführen, lieber selber übernehmen will. Das dürfte heute klarer sein als jemals zuvor.

Das Gespenst von einem Sozialismus der untergegangenen DDR soll in den Menschen Verunsicherung hervorrufen und so zumindest die eine oder andere zaghafte Stimme sichern, die sonst aus Vernunftgründen ins andere Lager abgewandert wäre. Was ist das für ein Demokratieverständnis, das gewisse „bürgerliche" Politiker wie Pofalla, Westerwelle oder Söder haben? Plagt diese notorischen politischen Versager wirklich die nackte Existenzangst so sehr, dass sie lieber eigenhändig der Demokratie das Grab schaufeln, als dass sie den Wähler seine Entscheidung ohne niederträchtige Diffamierungen des politischen Gegners treffen lassen und nach der Wahl die Mündigkeit des Bürgers dann auch noch offen anzweifeln? Hierin begründet sich auch die Tatsache, dass es dem deutschen Wähler bis heute nicht gestattet wird, seine Abgeordneten, den betreffenden Ministerpräsidenten, den Bundeskanzler und schließlich auch den Bundespräsidenten selber zu wählen. Der Bürger steht unter der Kontrolle einiger Weniger und mit den so genannten Wahlen wird ihm suggeriert, die Macht in Händen zu halten, die unseren Staat ausmacht. Mit dieser Form der Demokratie fällt es leicht, sich Legitimationen zu verschaffen und die Menschen unseres Landes glauben zu machen, sie hätten etwas zu sagen.[1] Dieses Spiel beherrschte schon Adenauer recht gut. Seine politischen Erben perfektionierten es noch. Wenn sie auch sonst nicht wirklich viel zu Stande gebracht haben, so schafften sie es doch sich in diesem System möglichst lange an der Macht zu halten.

Wie weit sind wir gekommen, wenn nach dem Beitritt der neuen Bundesländer immer noch mit denselben Methoden der alten Despoten wie Strauß, Kohl und Konsorten gearbeitet wird. Der politische Gegner muß ohne

---

[1] "Ich halte das, was wir haben, ja nicht für eine Demokratie" (Peter Sodann, der aktuelle Präsidentschaftskandidat der PdL, gegenüber dem SPIEGEL)

Nachweis auch nur der geringsten Hinweise auf einen Wahrheitsgehalt aufs übelste diskreditiert werden und mit Dreck beworfen werden. Egal wie viel von diesem Dreck man selber am Stecken hat, man setzt die Maschinerie in Gang und wird dann sehen, was am Schluss beim Bürger ankommt. Das ist die altbewährte Rezeptur und von ihr wird seit Adenauer und Strauß nicht mehr abgewichen. Neu ist nur, dass deren Nachfolgern keine neuen Ideen einfallen, mit denen man etwas Abwechslung in die Diskreditierung bringen könnte. Hier ist ein deutlicher Abfall an Inspiration und Intelligenz zu verzeichnen. Ein Beispiel für die „Kreativität" der Union auf diesem Gebiet ist die von Peter Hinze forcierte *Rote Socken-Kampagne*, die im Wahlkampf Helmuth Kohls 1994 dafür sorgen sollte, dass genau die eben besagte Angst bei den Menschen geschürt würde. Eine sachliche Auseinandersetzung mit dem politischen Gegner war nicht wahrzunehmen. Und schließlich hat man 2007 die Ideenlosigkeit der Konservativen nochmals eindrucksvoll unterstrichen, indem man genau auf diese Kampagne nochmals zurückgriff und damit Schiffbruch erlitt.

Mit dieser Methodik hat das konservative Lager immer gearbeitet und wird es auch weiter tun, weil der notwendige

Esprit für eine tatsächlich politische Auseinandersetzung fehlt. Die Union hatte sich auch stets einer politisch-sachlichen Auseinandersetzung mit der SPD verweigert, solange die Sozialdemokraten noch ihr wirklich angestammtes Lager vertreten hatten. Seit der Aufgabe der grundlegenden Existenzberechtigung der SPD, hat diese es auch nicht mehr notwendig, sich so stark wie irgend möglich von den Totengräbern der Sozialen Marktwirtschaft abzugrenzen, da die Sozialdemokratie selbst täglich jeden verzweifelten Versuch unternimmt, sich den Konservativen immer mehr anzuähneln. Es ist ihr bis heute nicht gelungen, wieder zum alten Profil zurückzufinden und die Last der sozialen Todsünden aus der Schröder-Regierung abzuschütteln. Es kann auch getrost bezweifelt werden, dass ihr das je gelingen wird.

Um von all diesen eigenen Unzulänglichkeiten abzulenken, wird immer wieder die neue LINKE in ein dubioses Licht gerückt.[2] Den mangelnden Willen zur Aufarbeitung ihrer Geschichte betonen die politischen Gegner immer wieder

---

[2] "Die Linke ist keine Partei von "Altkommunisten", sondern ein Zusammenschluss diverser linker Gruppierungen, ehemaliger SPDler (WASG) und enttäuschter Grüner." (Gabi Küppers, Sprecherin der "AG Antifaschismus" der PdL Hessen in deren Internetforum.)

mit dem Ziel, in den Köpfen der Menschen Misstrauen zu säen. Dabei ist festzustellen, dass es keine einzige Partei in Deutschland gibt, die ihre eigene Geschichte sauber aufgearbeitet hätte – von einzelnen Politikern insbesondere gar nicht zu reden. Oder sollte die Union vielleicht vergessen haben, dass es in der DDR auch eine Blockpartei der CDU gab, die alles andere als engagiert gegen die SED aufgetreten ist? Wer sich heute gern als couragiertes Mitglied der Bürgerrechtsbewegung darstellen lässt, war in den meisten Fällen zumindest so unauffällig in den deren Reihen, dass er unbehelligt von der Staatssicherheit sein Studium und eine Promotion durchziehen konnte.[3] Wer hat bis heute eine klare Aufarbeitung des Parteispendenskandals der Union unter Helmuth Kohl & Co beobachten können? Wie kann es sein, dass Roland Koch angesichts seiner dubiosen Machenschaften in der Parteispendenaffäre und seiner öffentlich ausgesprochenen ausländerfeindlichen Ressentiments bis heute Ministerpräsident von Hessen ist? Die Liste ist

---

[3] Wie dies in einer so genannten demokratischen Republik möglich gewesen sein soll, die alles und jeden unter Kontrolle hatte und Regimeabweichler auf keinen Fall an einer Universität geduldet hätte, bleibt dem Normalbürger für immer ein Rätsel.

endlos. Eine Aufarbeitung sieht für einen objektiven Betrachter in jedem Falle anders aus.[4]

Am 16. Juni 2007 ging aus dem Zusammenschluss der Linkspartei.PDS und der WASG eine neue Partei hervor: DIE LINKE. Es gab im Vorfeld dieses Zusammenschlusses eine Unmenge an Kritik, die vor allem verhindern sollte, dass eine neue Kraft in der politischen Landschaft entsteht, die sich die Aufgabe zum Ziel setzt, ein neues Verständnis für soziale Gerechtigkeit in der Gesellschaft schaffen zu wollen.

Nach der Abkehr der Sozialdemokratie von diesem fundamental wichtigen Thema war eine schmerzhafte Lücke entstanden, die die LINKE mit ihrem offenen Bekenntnis zu einem demokratisch geprägten Sozialismus schloss. Dass sie sich nun gegen Diffamierungen zur Wehr setzen muß, ist nicht erstaunlich. Dies war absehbar. Dass sie aber einen derartig imposanten Aufstieg in so kurzer

---

[4] "Die Partei DIE LINKE reklamiert für sich keine "Gnade der späten Geburt", wie es Helmut Kohl einst für sich hinsichtlich der Verbrechen des deutschen Faschismus tat. Sie stellt sich der ruhm- und fehlerreichen Traditionslinie des Sozialismus, die nicht nur Hegel, Marx und Luxemburg, sondern eben auch Stalin und Honecker umfasst." (Manfred Sohn, ehemaliges Mitglied des DKP-Parteivorstandes und Fraktionsvorsitzender der PdL im Landtag von Niedersachsen.)

Zeit verzeichnen konnte, war eine Überraschung, die in den Bänken der etablierten Parteien Bestürzung hervorrief. Es ist anzunehmen, dass vor allem die Tatsache für Entsetzen sorgte, dass nun offensichtlich nicht mehr so leicht sein würde, den ewig praktizierten Parteienklüngel einfach so fortzusetzen. Die Mehrheitsfindung in einem Fünfparteiensystem ist bedeutend schwieriger geworden. Es kann nicht mehr an einer demokratisch gewählten Kraft vorbei regiert werden, die es sich zur Aufgabe gemacht hat, den Finger in Wunden zu legen, die offensichtlich sehr schmerzen. Gerade auf dem Feld der Sozial- und Familienpolitik, aber auch bei außenpolitischen Themen ist dies der Fall.

Wie man seitens der etablierten Parteien mit der LINKEN in den Parlamenten umgeht, zeigt sehr deutlich, wessen Geistes Kind diese sind und was sie von demokratischen Entscheidungen halten, die der Souverän unseres Staates getroffen hat. Es ist klar, dass der Wähler bewusst der LINKEN ein Mandat erteilt hat, weil es ein Bedürfnis nach einem sozialen Gewissen gibt, das niemand anders als die LINKE zu gestalten gewillt ist. Anstatt das wahrzunehmen und als besonderen Willen des Wählers zu respektieren, wird die LINKE geschnitten und diffamiert. Ihre Ideen aufzugreifen und konstruktiv zu diskutieren, scheint vielen ein geradezu absurder Gedanke zu sein. Gerade die SPD macht sich darin stark, jene Kraft zu diskreditieren, die es geschafft hat, erfolgreich jene Themen zu besetzen und zu vermitteln, die die Sozialdemokratie sang und klanglos aufgegeben hat.

Es gibt eine Vielzahl von Argumenten, die in der Tat eine kritische und konstruktive Auseinandersetzung mit der LINKEN rechtfertigen. Es gibt aber keinen einleuchtenden Grund, eine Partei in Deutschland auszugrenzen, nur weil sie – wie andere auch – eine spezielle Geschichte hat – und von anderen allein darauf reduziert wird – oder aber Köpfe in ihren Reihen hat, die anders denken als der konservativ verknöcherte Parteienfilz in unserer Republik. Es ist so: Deutschland hat eine LINKE Chance – wir müssen sie nur wahrnehmen und ihre Ideen konstruktiv in die Entwicklung zum Wohle unseres Landes einbinden.

Vertrauensverlust

Seit dem Sturz des letzten großen deutschen Kanzlers, Helmuth Schmidt, am 01. Oktober 1982 wurde konsequent an der Abwirtschaftung der ethischen und moralischen Grundfeste der Bundesrepublik Deutschland gearbeitet. Der unwürdigste unter seinen Amtsnachfolgern, Helmut Kohl, packte diese Arbeit ohne Zögern an. Was die Bürger dieses Landes bis dato einte und für sie als allgemeines Gut der Solidarität untereinander galt, wurde durch die gezielte Saat von Missgunst, Gier und gesellschaftlicher Selektion auseinander dividiert.

Gab es bis dahin noch die Ideale, dass sich jeder seiner erarbeiteten Güter sicher war und auch beim Eintritt eines unvorhergesehenen Ereignisses nicht vollends in Not und Armut abstürzen musste, sondern von der Gemeinschaft aufgefangen wurde, so wurde diese Tugend unter der Führung der christlich-liberalen Koalition systematisch soweit zurückgestutzt bis nun nur noch ein zur Unkenntlichkeit verstümmeltes Sozialwesen übrig geblieben ist, in dem Armut Gesetz ist und der Einzelne nur noch vor dem Verhungern bewahrt wird. Was noch blieb, ist ein gigantischer Vertrauensverlust und die etablierten Parteien und in jene Personen, die sie führen. In der 16 Jahre andauernden sozialen Eiszeit der schwarz-gelben Koalition wurden immer höhere Steuern und immer geringere Leistungen für den Bürger beschlossen. Dies geschah immer mit dem Hinweis, die fetten Jahre seien vorbei und das Land müsse sich von seinem Anspruchsdenken verabschieden. Reformen im Gesundheitswesen, die für die Bürger den Anfang vom Ende einer wirklichen Krankenversicherung bedeuteten und für die Krankenkassen den Einstieg in eine von Profigier getriebene Unmenschlichkeit eröffneten, waren nur ein Kapitel, das auf die Schultern des deutschen Bürgers gelegt und nie wieder von ihnen genommen wurden. In dieser Zeit wurde von einzelnen noch der mutige Versuch gewagt, sozialdemokratische Politik in der Opposition zu betreiben.

Die damals eiskalt praktizierte Misswirtschaft wurde von genau denen zum Füllen der Taschen benutzt, die sich heute erneut aufschwingen und sich zum Retter der Nation deklarieren wollen – ekelerregender Weise unter dem Deckmantel christlicher Werte. Unterstützung erfahren die Unionsschergen dabei wiederum von den Liberalen, die in

Westerwelle einen doppelzüngigen Zyniker an ihrer Spitze wissen, für den es kein größeres Vergnügen zu geben scheint, als jene zu verhöhnen, die auf die Hilfe der Solidargemeinschaft angewiesen sind. Hierzu wird es einige Punkte zu sagen geben, denn gerade in den Reihen der Liberalen hatte die Union 16 Jahre lang einen willigen Helfershelfer, der geradezu danach gierte, die Menschen unseres Landes auszusaugen und deren hart erarbeiteten Lebensstandard wie auf dem Spieltisch eines Casinos zu verzocken.

Oskar Lafontaine war im Rahmen seiner Kanzlerkandidatur gegen Kohl bemüht, schonungslos und offen darauf hinzuweisen, dass die deutsche Einigung nicht ohne eine Steuererhöhung finanzierbar sein würde und machte sich dadurch zum Spielverderber, der die Euphorie nach dem Beitritt der neuen Länder zur Bundesrepublik Deutschland dämpfen wollte. Er versuchte nach Kräften klar zu machen, dass die Versprechungen aus dem Kanzleramt nicht gehalten werden konnten. „Durch eine gemeinsame Anstrengung wird es uns gelingen, Mecklenburg-Vorpommern und Sachsen-Anhalt, Brandenburg, Sachsen und Thüringen schon bald wieder in blühende Landschaften zu verwandeln, in denen es sich zu leben und zu arbeiten lohnt." Diese vollmundige Prognose Helmut Kohls als Bauernfängerei vor allem gegenüber den neuen Wahlberechtigten aus den beigetretenen Ländern gelinde gesagt als Fehleinschätzung zu entlarven, gelang ihm nicht. Heute wissen wir, dass es keine Fehleinschätzung der Situation war, aus der heraus Kohl diese Aussage getätigt hatte, sondern eine handfeste Lüge, die er dazu benötigte, noch länger an seinem Stuhl kleben zu bleiben. Es war auch nicht die einzige Lüge, vermutlich aber eine der teuersten! Dass dagegen Lafontaines Voraussagen voll zutrafen und ein weiterer massiver Sozialabbau mit gleichzeitiger Mehrbelastung der Menschen vorgenommen wurde, kann ihm keine Genugtuung gewesen sein.[5] Er sah seinen Job mit den Augen eines Mannes, der Verantwortung zu tragen hatte und diese auch tragen woll-

---

[5] Lafontaine stimmte mit vielen ostdeutschen Bürgerrechtlern darin überein, dass die DDR sich ohne westlichen Druck zuerst selbst politisch und vor allem wirtschaftlich reformieren solle. Er wollte ihre Eigenstaatlichkeit also zunächst erhalten. Dazu befürwortete er eine Konföderation beider deutscher Teilstaaten im Rahmen eines gesamteuropäischen Vereinigungsprozesses. Wegen seiner öffentlichen Bedenken gegen Kohls Plan wurde Lafontaine von politischen Gegnern vorgeworfen, er habe die deutsche Einheit innerlich nicht gewollt, daher verhindern wollen und kein eigenes Konzept für den Einigungsprozess gehabt. Dagegen betonte Lafontaine selbst, er habe die staatliche Wiedervereinigung an sich nicht abgelehnt, sondern nur die soziale Angleichung der Lebensverhältnisse vorhergehen lassen wollen. (vgl. Wikipedia, Oskar Lafontaine) Eine weitere von unzähligen Diffamierungen, die der amtierende Vorsitzende der LINKEN über sich ergehen lassen musste.

te: „Der Staat ist verpflichtet, seine Bürgerinnen und Bürger zu schützen.[...]"[6] Damit stand er mit nur sehr wenigen Politikern auf verlorenem Posten – auch in der eigenen Partei.

Die Hoffnung vieler Menschen in Deutschland auf eine Verbesserung ihrer Lage nach der Ablösung der schwarz-gelben Koalition im Oktober 1998 mit der Wahl Gerhard Schröders zum neuen Bundeskanzler wurde rasch zerstört. Es stellte sich heraus, dass sich die Sozialdemokratie nicht nur verändert, sondern an die konservative Politik angepasst hatte. Die Politik für die „kleinen Leute" blieb aus. Anstatt sich in den unterschiedlichsten Bereichen für einen Abbau des unter schwarz-gelb beängstigend angewachsenen Heer von Arbeitslosen einzusetzen und die Wirtschaft auf entsprechende Maßnahmen einzuschwören, wurde in die Trickkiste[7] gegriffen, um das ehrgeizige Ziel der Sen-

---

[6] Rede auf der Kundgebung am 15.06.2005 in Chemnitz

[7] Der bis heute andauernde Betrug am Bürger wurde mit faulen Tricks angestellt. Jeder Arbeitslose, der entweder arbeitsunfähig ist, einen Antrag auf Erwerbsunfähigkeit stellt oder ähnliches, gilt nach der Ansicht dieser Leute nicht als „arbeitslos" und fällt aus der Statistik. Ob er dabei weiter auf die Unterstützung durch den Steuerzahler angewiesen ist oder nicht, ist vollkommen unberücksichtigt. Dergleichen Statistikbetrügereien gibt es noch wie Sand am Meer. Sie werden aber bewusst verschlei-

kung der Arbeitslosigkeit in den Griff zu bekommen. Was Schröder immer gern als „vernünftig“ bezeichnete, war in Wahrheit eine schallende Ohrfeige für all jene, die sich Hoffnung auf eine bessere Zukunft gemacht hatten. Peter Hartz, zunächst als sozial orientierter Manager präsentiert und später als korrupt entlarvt und verurteilt, sollte ein Konzept erarbeiten, mit dem die Arbeitslosenzahlen gesenkt werden konnten. Es kam das Arbeitslosengeld II, auch Hartz IV genannt. Dieses Gesetz entpuppte sich als bald als ein Instrument, mit dem Armut per Gesetz entstand. Mindestens sieben Millionen Bürger leben heute von den Leistungen des SGBII und werden dabei auf dem – hinsichtlich des Lebensstandards – niedrigsten Niveau gehalten, das sich überhaupt vorstellen lässt.

Nach der Ablösung durch Angela Merkel hat sich im Großen und Ganzen für den normalen Bürger nichts zum Positiven verändert. Der Pest folgte die Cholera. Schröders Vorarbeit wurde ohne große Korrektur fortgesetzt. Schöne Reden und gezieltes Aussitzen hat die amtierende Kanzlerin von ihrem großen Lehrer Kohl perfekt gelernt. Es ist über-

---

ert, um die Regierung in ein positives Licht zu rücken und dem Wähler die teuere Wahrheit zu verschweigen.

haupt ein Witz der Geschichte, dass sich in diesem Kabinett eine Menge jener Leute wieder finden, die bereits in den Kabinetten Helmut Kohls mit verantwortlich waren für Misswirtschaft und Bürgertäuschung und mit samt ihrem Chef vom Wähler aus dem Amt gejagt wurden.

Wen wundert es da, dass im Angesicht der gegenwärtig wütenden Finanzkrise, die alles andere als unabsehbar war, niemand wirklich kompetent zu handeln in der Lage ist, sondern allein darin Lösungen sieht, Staatsgarantien, Finanzspritzen und Staatsbeteiligungen anzubieten und dabei das Risiko des Staatsbankrotts sehenden Auges anzusteuern. Man hat es sich zuvor viel zu lange sehr einfach damit gemacht, sich auf Gedeih und Verderb an den amerikanischen Wahnsinn zu ketten und sich nebenbei auch noch der Globalisierung auszuliefern. Ideenreichtum für eigene Gestaltungsmöglichkeiten war damals schon nicht vorhanden. Wie sollten nun die Hoffnungen derer erfüllt werden, die immer noch daran glauben, diese Krise mit möglichst geringem Schaden überstehen zu können, weil es Menschen in der Führung unseres Landes gebe, die sich das Wohl der Bürger zur obersten Aufgabe gemacht haben. Es sei dabei aber die Frage zur Ernüchterung all jener Hoffnungsvollen gestattet, wie jemand sich in Notzeiten um die Belange von Hilfebedürftigen und Hilfesuchenden kümmert, wenn die schon nicht in den Zeiten geschehen ist, als noch alles gut lief.

Aus diesem Grund ist es an der Zeit, daran zu denken, dass sich dieses Land und seine Menschen wieder auf Werte besinnen müssen, die uns früher einmal ausgezeichnet haben. Ein Wandel in der Gesinnung ist notwendig und wenn dieser Wandel mit den aktuell etablierten Machthabern nicht machbar ist, so werden nur die Bürger dieses Landes in der Lage sein, eine wirkliche Veränderung herbei zu wählen. Mit Versprechungen ist es diesmal nicht getan. Das muss jedem einleuchten. Es ist auch nicht die Zeit zum Aussitzen von Problemen. Dies wäre der Ruin unseres Landes und würde den Untergang bedeuten. Nur wenn der Wähler klar die Alternativen durchdenkt und sich von alten Ideologien löst, wird unser Land erneuert und gestärkt aus der schlimmsten Krise der Nachkriegszeit hervorgehen. Der aktuelle Versuch, den Ernst der Lage herunter zu spielen und zu verharmlosen, wird fatale Folgen haben. Es ist an der Zeit, sich neu zu orientieren und ernsthafte Schritte hin zu einer menschenfreundlichen Gesellschaftsordnung zu unternehmen, in der jeder menschenwürdig leben kann und nicht die Schere zwischen Wohlstand und Armut immer weiter geöffnet wird. Eine Globalisierung in dieser Hinsicht ist bis heute tunlichst vermieden worden.

Eine Bestandsaufnahme mit derart verheerendem Resultat kann nicht Gleichgültigkeit als Ergebnis hervorrufen. Alle sind aufgerufen, sich um ein Umdenken zu bemühen und einen Wandel herbeizuführen, der für jeden Einzelnen positive Veränderungen mit sich bringt. Mit den bisher gepflogenen Egoismen der Lobbyisten kommt unsere Gesellschaft nicht weiter, sondern wird an ihnen zerbrechen. Ausgrenzung von Ideen oder Denkanstößen ist das Schlimmste, was einem solchen Bestreben zum Wohle des Landes im Wege stehen kann. Daher ist es nicht zuletzt als Warnung an alle etablierten Parteien und Machthaber zu verstehen, dass es eine wachsende Zahl an Wählern gibt, die in der LINKEN eine Chance für Deutschland sehen. Wer mit dem Finger auf die Vergangenheit des Anderen zeigt und dadurch die Schwierigkeiten der Gegenwart vergessen machen will, wird sich fragen lassen müssen, wie er seinen Gestaltungsauftrag wahrnehmen will. Wer glaubwürdig Überlegungen zur Zukunft Deutschlands anstellt, der wird sich auch über eine mögliche linke Chance für Deutschland Gedanken machen müssen. Dabei spielt es keine Rolle, ob man von allen Inhalten dieser Partei begeistert ist und sie als zu verwirklichendes Ziel ansieht. Es geht darum, die positiven Anregungen aus den Forderungen dieser Gruppierung zu erkennen, anzunehmen und umzusetzen, damit ein erkennbares Signal für die positive Gestaltung der Zukunft dieses Landes gesetzt wird. Die Gegenwart erfordert entschlossenes Handeln und nicht abwartendes Taktieren. Wer dem im Wege steht, dem kann keine verantwortliche Position in Politik und Wirtschaft zugebilligt werden. Zu dieser Erkenntnis kommen immer mehr Menschen, die schließlich und endlich auch mit ihrem Votum an der Wahlurne ein Signal setzen müssen und können. Veränderungen sind nötig und möglich! Wer diese will und sich nicht nur hinter seiner Ohnmacht als einzelner versteckt, der wird auch den Erfolg zu sehen bekommen. Es gibt ohnehin keine Alternativen. Ein weiter wie bisher ist der sichere Untergang. Nur wenn neue Ideen und Altbewährtes miteinander in Einklang gebracht werden, ist ein Fortschritt für alle möglich. Opfer werden dafür auch gern gebracht. Sie müssen aber einen Sinn für alle haben und nicht nur einigen wenigen nützen. Dies war in der Zukunft nur allzu oft der Fall und das muß ein Ende haben. Wir haben in unserer jüngsten Geschichte eindrucksvoll erlebt, welch fundamentale Veränderungen in Deutschland herbeigeführt werden können, wenn die Menschen unseres Landes dies wollen. Es ist Zeit anzupacken über ideologische Grenzen hinaus. Die Gestaltung unserer Zukunft darf nicht jenen überlassen werden, die nichts für uns zu tun bereit sind!

Grundrechte und Freiheit

Die Würde des Menschen ist unantast-
bar!

Dieser essentielle Satz, dem eine tiefe philosophische Erkenntnis und eine fürchterlich schmerzhafte Erfahrung unserer Geschichte zugrunde liegt, ist ein unauslöschlicher Bestandteil unserer Verfassung und wurde mit viel Bedacht ins Grundgesetz der Bundesrepublik Deutschland aufgenommen. Ein Leben in unserer Gesellschaft wäre ohne diese ständige Ermahnung an den Wert des Menschen, an die Bedeutung unserer Mitmenschen, nicht vorstellbar. Und dennoch ist festzustellen, dass diese Ermahnung immer ein wenig kleinlauter wird und nicht mehr dieses Stimmvolumen hat, die sie eigentlich bräuchte, um auf die Lebenssituation vieler Menschen in unserem Lande hinzuweisen und dann auch entsprechend zu verbessern.

Nehmen wir aber die Tagesereignisse, die in unseren Tagen durch die Medien gehen und verschwenden wir einige Momente unserer Zeit darauf, über sie nachzudenken, so wird schnell bewusst, dass dieser elementare Satz häufig nur eine Floskel ist, die sich nach außen wunderschön präsentieren lässt, nach innen aber einem hohlen Baum gleicht, der in Gefahr gerät, vom nächsten Windstoß umgeworfen und entwurzelt zu werden. Die *Unantastbarkeit der Würde des Menschen* hatte vielen anderen neu gesetzten Prioritäten zu weichen, die von Ehrgeiz zerfressenen, machthungrigen Politikern an die oberste Position gerückt wurden. Ob das dem Sinn dieses hohen Gutes dienlich ist oder nicht, bleibt dabei immer häufiger unberücksichtigt, zumindest aber Nebensache.

Ein Versuch einer Bestandsaufnahme der Verfehlungen gegen die wirklichen Interessen der Menschen unseres Landes und damit auch gegen deren Würde anzustellen, wird der Ausgangspunkt für jene Denkanstöße sein, die diese Anregung zu einem wahren Umdenken in Politik und Gesellschaft anbieten will. Dass ein solcher Wandel nicht nur auf Floskeln beruhen kann, sondern Auswirkungen auf das Tun, Denken und Handeln eines jeden haben muß, um fruchtbar zu werden, ist eine Voraussetzung, die auch die Väter des Grundgesetzes mit dem Verankern der Würde des Menschen in der Verfassung verfolgt haben. Wenn diese Auswirkungen in der Lage sind, ihre Kreise in Deutschland zu ziehen, dann werden sie sich auch weiter über die gesamte Erde ausbreiten, die schließlich die Heimat des Menschen ist, die es menschenwürdig zu gestalten gilt.

Es liegt in der Natur der Sache, dass es Anlass zu kontroversen Debatten geben wird, über die Bestandsaufnahme in einer Gesellschaft, in der der Mensch mit seinen Bedürfnissen immer mehr in den Hintergrund gedrängt wird, und das Streben nach der perfekten Kontrolle eben dieses Menschen immer mehr Gewicht bekommt.

Dies beginnt bei vermeintlich simplen Dingen wie dem täglichen Einkauf oder der Informationssuche im Internet. Man bezahlt erworbene Waren an der Kasse und wird nach einer Rabattkarte gefragt. „Sammeln Sie Punkte?" So oder ähnlich versucht die Marktanalyse durch das scheinbar interessante Locken mit nur scheinbar lukrativen Rabatten hinter die Gewohnheiten und manchmal auch geheimen Leidenschaften von Kunden zu kommen, die für den Erhalt einiger spärlicher Rabattpünktchen einen beträchtlichen Teil ihres Privatlebens in Form von persönlichen Daten preisgeben müssen. Es wird vorgegaukelt, man würde dem Konsumenten etwas Gutes tun. In Wirklichkeit geht es aber darum, die Verbrauchergewohnheiten zuerst zu analysieren und dann zu steuern, also zu kontrollieren. Nur wer den Konsumenten als festen Bestandteil seines Angebots auch wirklich fest im Griff hat, kann darauf hoffen, seine Absätze über lange Zeit zu sichern. Hierfür wird eine Menge Geld investiert, das nichts anderes zum Ziel hat, als wieder hereingewirtschaftet zu werden. Den gläsernen Kunden zu erziehen, hat sich die Wirtschaft eine gigantische Summe kosten lassen. Und an Stellen, wo man nicht so einfach an die Daten der Menschen kommt, dort verschafft man sie sich eben über den höchstbedenklichen Weg des Datenkaufes. Eine Methode, mit der jeder Mensch der industrialisierten und globalisierten Welt schon konfrontiert wurde und dies doch einfach so auf sich beruhen ließ, weil er nichts wirklich Schlimmes daran fand. Dies aber ist ein Irrtum, denn die Kontrolle über ihn hat damit nicht nur begonnen, sondern ist in vollem Gange.

Millionen Versicherter in Deutschland erhalten in diesen Monaten eine neue Versichertenkarte ihrer Krankenkassen. Darauf wird auch das Foto des Kassenmitglieds zu sehen sein. Für so manchen bedeutet dies einen Fortschritt, der eine klare Identifizierung erleichtert. Was aber auf dieser Karte gespeichert wird und welche Daten intimster und persönlichster Art damit einsehbar werden, bekommt der normale einfache Versicherungsnehmer gar nicht mit. Er wird bis in die letzten Ecken seiner persönlichsten Umstände hinein durchleuchtbar. Was bisher immer ein hohes Gut der Beziehung zwischen Arzt und Patient war, wird nun offen gelegt und für die Gewinnmaximierung einer Krankenversicherung missbraucht, die in ihren Anfängen als solidarisches Gemeinsystem gedacht war. Nicht mehr die Gesundheit des Einzelnen, das höchste Gut, das der Mensch haben kann, steht im Vordergrund[8], sondern die Abwägung von Risiken, die ein möglicher Versicherungsnehmer für das Unternehmen Krankenversicherung mit sich bringen könnte. Eine Perversion, die noch mehr an Absurdität vor der Maxime der Würde des Menschen gewinnt, wenn man berücksichtigt, dass bei immer höheren Beiträgen immer weniger Leistungen für die „solidarisch" Versicherten erbracht und immer mehr Eigenleistungen eingefordert werden. Eine solche politische Missgeburt

---

[8] Ärztepräsident Hoppe spricht heute davon, die ohnehin schon rationierten medizinischen Leistungen der gesetzlichen Krankenkassen noch weiter zu führen und einen Katalog zu erstellen, wofür noch bezahlt würde. Dies ist das gesetzte Ziel von Pharmaindustrie, Ärzteschaft und Politik. Daher ist die gespielte Entrüstung von Merkel, Söder und Ulla Schmidt nicht nachvollziehbar, denn sie haben diese Reform ja mit aller Macht einführen wollen.

wird dann auch noch mit dem Namen „Gesundheitsfonds"
bedacht.

Kontrolle über den Bürger unter dem Deckmantel von
Sicherheit und Freiheit ist die Devise auch bei der Einführung des biometrischen Reisepasses und des Personalaus-
weises mit Fingerabdruck gewesen. Dass in Deutschland
eine wachsende Bedrohung durch Anschläge existiert, kann
sicher nachvollzogen werden. Doch der Grund für diese
Bedrohung wird gern in den Hintergrund gestellt.[9] Viel
wichtiger ist es, dieses Szenario hoch zu reden und die

---

[9] Schließlich hat sich Deutschland durch das verantwortungslose Getue
seiner Innen- und Außenpolitik zielsicher ins Visier der Menschen und
ihrer Angehörigen gebracht, die von amerikanischen Truppen und ihren
Verbündeten überfallen, verschleppt, zu unrecht inhaftiert oder gar
ermordet wurden. Von einem internationalen islamischen Terrorismus
schlechthin zu sprechen, zeugt von einer ungeahnten Arroganz und
Ignoranz, die auf die Bedürfnisse und Rechte anderer keine Rücksicht
nimmt. Der Terrorismus ist von amerikanischem Boden ausgegangen
und wurde von allen beteiligten und „befreundeten" Verbündeten mitgetragen. Die Vergewaltigung von muslimischen Frauen und Mädchen,
die Hinrichtung von unschuldigen Familienvätern und die Tötung von
unzähligen wehrlosen Kindern, Frauen und Greisen ist kein Heldentum,
sondern ein Verbrechen. Dies muß man sich vergegenwärtigen, wenn
man über die zu urteilen beginnt, die im Begriff sind, Rache zu nehmen
für ihre Angehörigen. Mitverschuldet haben dies unsere Politiker, die
unreflektiert die Lügen eines Präsidenten geglaubt haben, der nie auf
demokratischem Wege gewählt worden ist. Das ist der Zustand unserer
Demokratie! In Gefahr geraten ist aber der normale Bürger, denn aus
den Kreisen Merkels wird es kaum Opfer geben. Wollen wir also ihr
und ihrem Kollegium, die eigentlich Schaden vom deutschen Volk ab-
wenden sollen, unseren aufrechten Dank für ihre Arbeit erweisen!

Angst vor Terroranschlägen dazu zu nützen, immer mehr Kontrolle über die Bürger zu bekommen. Die vor wenigen Jahren als fälschungssicher angepriesenen Ausweisdokumente sind dafür nicht mehr das geeignete Mittel. Sie werden nochmals überarbeitet und – verbunden mit enormen Kosten – dem Bürger auferlegt. Effekt dabei ist, dass noch mehr über den einzelnen Menschen gesammelt und gespeichert werden kann und dass die vollkommene Überwachung wieder einen Schritt vorangetrieben worden ist.

Hilfestellung kommt dabei auch durch das für diese Zwecke sehr gut einsetzbare Mautsystem, mit dem eigentlich nur die Straßenbenutzungsgebühr eingetrieben werden sollte. Mit ihm lassen sich bei Bedarf sämtliche Bewegungen nachvollziehen und überwachen. Vor dieser Betrachtungsweise sind dann auch die gigantischen Investitionskosten für die Einrichtung dieses Systems gerechtfertigt. Hätte doch andernfalls auch die Methode der Mautentrichtung ausgereicht, die unsere europäischen Nachbarn anwenden: Vignette oder GO-Box nach Österreichischem oder Schweizer Vorbild hätten es auch getan, wenn man nur darauf bedacht gewesen wäre, die Kosten für die Benutzung der Straßen ein wenig gleichmäßiger zu verteilen.

Scheinbar war dies nicht der einzige Aspekt, unter dem diese Planung verlaufen ist. Und nach den Skandalen, die immer wieder im Zusammenhang mit dem Umgang personenbezogener Daten und deren unzureichenden Schutz aufgetreten sind, ist nicht davon auszugehen, dass es hier eine Ausnahme geben würde.

Den Menschen wird systematisch immer wieder ein Stückchen mehr von ihrer Freiheit abgerungen. Meist geschieht dies mit dem Hinweis auf Bedrohungen von außen aber auch von innen. Bis zu einem gewissen Grad wird dies auch hingenommen. Wo die Grenze des Duldbaren liegt, ist noch nicht ausgelotet. Der amtierende Bundesinnenminister Schäuble ist unermüdlich dabei, dies in Erfahrung zu bringen. Was er in seiner ersten Amtszeit unter Kohl nicht fertig brachte, das will er nun mit aller Macht zu Ende führen. Man darf gespannt sein, wie viel der Bürger von seinen persönlichsten Freiräumen noch aufgeben muß, bis die Durchleuchtungswut ein Ende gefunden hat. Online-Durchsuchung, großer Lauschangriff und „Digitalisierung" von Menschen haben mit der Freiheit des Menschen als Person nicht mehr viel gemeinsam. Die schlimmste Bedrohung im Innern sind inkompetente und überhebliche Politiker, die unser Ansehen in aller Welt gefährden und uns dabei noch zur Zielscheibe derer machen, die sich gegen erlittenes Unrecht zu Wehr setzen. Es ist an der Zeit diesem Wahn ein Ende zu setzen und den Menschen wieder in den Mittelpunkt der politischen Ziele zu stellen anstatt ihn zu instrumentalisieren.

Sozialversicherung

Es wurde bereits kurz angesprochen. Der Skandal um die so genannte Krankenversicherung in unserem Lande ist nicht mehr mit Worten zu beschreiben. Eine Krankenversicherung hat nach dem Sinn und Inhalt des Wortes die Aufgabe, das Risiko einer Erkrankung aufzufangen und die entsprechenden medizinischen Behandlungen und Medikationen zu gewährleisten. Dafür zahlen die Versicherungsnehmer eine nicht geringe Summe in diese Kasse ein. Bei den gesetzlichen Krankenversicherungen war die grundsätzliche Idee, durch den solidarischen Beitrag der Pflichtversicherten eine umfassende und kostenlose Behandlung nach den Maßstäben der modernsten medizinischen Möglichkeiten zu gewährleisten.

„Gesundheitsreform", so heißt das Zauberwort, mit dem aus einer anfangs gut funktionierenden Solidarkasse eine Geldvernichtungsinstitution geworden ist, weil sich im Verlauf der letzten 20 Jahre ungezählte Dilletanten auf dem Stuhl des Gesundheitsministers daran gemacht haben, ihr Klientel bei der jeweiligen Reform besser zu stellen und gut zu bedienen – aus den Taschen der Beitragszahler versteht sich. Heute geht es nicht mehr um eine Absicherung, die für Menschen einspringt, die in irgendeiner Form medizinischer Hilfe bedürfen und aufgrund ihrer Mitgliedschaft in einer solchen Versicherung Anspruch auf die benötigten Leistungen haben. Die Diskussion um den Gesundheitsfonds hat im Vorfeld klar gezeigt, worum es eigentlich geht: Wie kommt noch mehr Geld zu den Kassen und den Ärzten – nicht wie die Leistungen und die Versorgung für die Beitragszahler verbessert werden können.

Es wurde mit dem Hinweis auf eine stark alternde Gesellschaft stetig der Kassenbeitrag angehoben und im gleichen Atemzug der Leistungskatalog immer weiter verkürzt. Wo bis 1982 eine Zuzahlung noch die absolute Ausnahme darstellte, ist nach heutigen Maßstäben eine Leistung der Ersatzkassen eher zur Ausnahme geworden. Die Argumentation, dass die Überalterung der Gesellschaft Auslöser für die finanzielle Schieflage der Kassen sei, ist grober Unfug. Es ist seit der politisch gewollten Zerschlagung der Großfamilien in unserem Land bekannt, dass die egozentrisierte Gesellschaft, bei der jeder zuerst auf seinen Vorteil sieht, ein hohes Risiko für die Bevölkerungsentwicklung darstellt. Dass eine Umgestaltung der Krankenkassen und des gesamten Gesundheitswesens bereits in den ersten Jahren der christlich-liberalen Koalition notwendig gewesen wäre, war allseits bekannt. Was aber stattgefunden hat, war ein inkompetentes Herumdoktern mit dem heute vorliegenden Bankrott-Resultat. Es hat keine Regierung zustande gebracht, eine Gesundheitsreform auf die Beine zu stellen, die diesen Namen auch verdient hätte. Nachdem man die Erstattungen oder zumindest Zuzahlungen für Zahnersatz, Sehhilfen und viele andere notwendige und kostspielige Behandlungen auf ein Minimum reduziert hatte, wurden sie letztendlich fast gänzlich gestrichen.

In Deutschland gab es noch nie so viele Menschen mit keinem oder nur unzureichend versorgtem Gebiss auf der Straße zu sehen wie in den letzten zehn Jahren. Wer heute auf den Straßen Münchens oder Berlins die Augen aufmacht, dem wird nicht entgehen, dass der ganz offensichtliche Zustand der Bürger unseres Landes sehr nahe an den von Menschen im Straßenbild Bukarests oder Budapests herankommt. Dies spricht Bände und müsste jedem Politiker die Schamesröte ins Gesicht treiben. Doch weit gefehlt. Die Kohl'sche Gesundheitspolitik fand ihre grauenhafte Fortsetzung erst mit der neuesten Episode unserer Tage, mit der das Ende der Grausamkeiten aber immer noch nicht erreicht sein dürfte.

Ein Ansatz, der mit dem Prinzip des offenen Wettbewerbs unter den Kassen zu einem durchaus möglichen Erfolg hätte führen können, wurde dadurch von vorneherein sabotiert, dass man den Misswirtschaft treibenden Kassen Ausgleichszahlungen zugesprochen hat. Dadurch wurden die Erfolge jener Kassen, die sich um eine vernünftige Ausgaben- und Wirtschaftspolitik[10] bemühten, ohne dabei die

---

[10] Einige Kassen hatten tatsächlich darauf verzichtet, gigantische Verwaltungstempel aufzurichten, wie die AOK und andere. Sie hatten ihre

Versicherten und ihre Bedürfnisse aus dem Auge zu verlieren, zu jämmerlichen Almosen zurückgestutzt. Anstatt nun an einer Verbesserung dieses Missstandes zu arbeiten, wurde der Pflichtbeitrag auf einen Einheitstarif von wahnwitzigen 15,5% angehoben und so jedem Versicherten mehr Geld aus der Tasche gezogen als je zuvor in der Geschichte. Dazu kommt noch, dass den Kassen für die Einforderung eines Nachschlages von ihren Mitgliedern auch gleich der Freibrief erteilt worden ist. Dabei hätte man nun angenommen, dass die Möglichkeit der Leistungsverbesserung für die Versicherungsnehmer per Gesetz verbessert würde. Doch auch hier weit gefehlt. Es geht sogar soweit, dass sich die Kassen im Vergleich zur früheren Version nun nur noch für die wirklich kranken Menschen als Mitglieder interessieren, da diese ihnen die höheren Geldzuflüsse aus dem „Gesundheitsfonds" garantieren. Ein bizarreres Umspringen mit dem höchsten Gut, das ein Mensch abzusichern hat, ist nicht mehr vorstellbar. Einzig die Erhöhung der Pflichtbeiträge war eine bei den Verantwortlichen durchsetzbare Maßnahme. Dass dabei der Patient auf der Strecke

---

Niederlassungen eher bescheidener ausgerichtet, was dann zu Einsparungen in der Verwaltung führte und sich damit auch in niedrigeren Beitragssätzen niederschlug.

bleibt und nur noch tiefer in die Tasche greifen muß, um
für noch weniger Leistungen noch mehr zu bezahlen, ist
das dramatische Ende einer vollkommen unsinnigen Reform. Gerade 120 Tage hat es gedauert, bis nun den Verantwortlichen klar geworden ist, dass die Einführung dieser
politischen Missgeburt, finanziell nicht zu stemmen ist und
sich bei der Vorbereitung der Katastrophe wieder mal ein
ganzer Stab von Dilletanten mit der Materie befasst haben
muss – einschließlich der zuständigen Ministerin.

Es ist ausgesprochen ernüchternd, wenn man sieht, dass
sogar ein Entwicklungsland wie Cuba seinen Bürgern eine
bessere medizinische Versorgung gewährt als Deutschland
dazu willens oder in der Lage ist. Je nach dem wie man es
betrachtet. Es wird am Ende immer darauf hinauslaufen,
dass die Politik nicht wirklich interessiert ist, den Menschen
eine Versorgung zu garantieren, die jeder zu dem Preis, den
er an die Krankenkasse entrichtet, auch in Anspruch nehmen kann. Das liegt vor allem an dem Irrglauben, Medizin
– oder besser eine Krankenversicherung – müsse markt-
wirtschaftlichen Grundsätzen unterworfen werden. Dies
gilt nur für die Verwaltungskosten, die sich die Kassen leisten. In allen anderen Punkten hat sie sich einzig und allein

an den Bedürfnissen der Bevölkerung zu orientieren und diesen Bedarf ohne „Wenn" und „Aber" zu decken. Wer der Pharmaindustrie die Lizenz zum Gelddrucken ausstellt und gleichzeitig dem einzelnen Patienten immer tiefer in die Tasche greift und ihm dann auch noch die Inanspruchnahme von Versorgung durch immer höhere Eigenleistung quasi unmöglich macht, dem kann nicht abgenommen werden, dass er das gesundheitliche Wohl des Menschen als echtes Anliegen vertritt. Während die Menschen auf unseren Straßen mit ganz offensichtlichen Gebrechen herumlaufen, statten die so genannten Gesundheitskassen die unnötigen Manager in ihren Vorstandsetagen mit üppigen Gehältern aus. Hierin einen letzten Gedanken einer gemeinschaftlich getragenen Solidarversicherung erkennen zu können, fällt nicht nur dem Normalbürger ausgesprochen schwer. Der Versuch von konkurrierenden Krankenkassen zur Absicherung der Versicherungsnehmer hat sich — bedingt durch zu viele Absprachen — als negativ entpuppt und muß rasch beendet werden. Eine einzige, vom Staat getragene Krankenversicherung für alle Pflichtversicherten mit umfassend garantierten Behandlungen, ist die einzige Lösung, die dem Patienten wirklich Nutzen bringt und ihn vor der schamlosen Abzocke durch dreiste Preistreiber schützt. Die Sozialversicherung hat niemand anderem zu nützen als dem, der sie durch seine Beiträge finanziert, um damit seine Risiken abzusichern.

Was dem ganzen nun noch die Krone aufsetzt ist die Tatsache, dass durch die fehlgeleitete Reform, die auf dem Mist einer sozialdemokratischen „Gesundheitsministerin“ gewachsen ist, ein offener Streit um noch mehr Geld unter der Ärzteschaft entbrannt ist, welche durch die Neuordnung der Gebührenordnung nun dazu übergeht, dem Patienten direkt in die Tasche zu greifen und Behandlungen nur noch gegen Barkasse durchführen. Ein Skandal, der kaum zu rechtfertigen ist und bei dem die Verantwortliche sich wie ein unbeteiligter Zuschauer an den Rand stellt und die Schuld daran der Ärzteschaft in die Schuhe zu schieben versucht. Anstatt zu den handwerklichen Fehlern zu stehen und die notwendigen Korrekturen anzubringen, die dann die Interessen der Patienten tatsächlich berücksichtigen und schützen, werden Erklärungen gesucht und Rechtfertigungen an den Haaren herbeigezogen.

Es kann nur eine Lösung für dieses Problem geben. Jeder Bürger zahlt seine Beiträge in bundesweit *eine* Krankenversicherung ein und dies zu gleich bleibenden stabilen Beitragspreisen und einem Leistungskatalog, der ein umfassende kostenlose Behandlungsgarantie zusichert. Die Aufsicht darüber und damit die unmittelbare Verantwortung trägt der Bundesgesundheitsminister, der auch für die ordentliche Verwaltung der Gelder sowie die angemessene Honorierung der Ärzte gerade zu stehen hat. Es ist nichts anderes als die analoge Verantwortungszuweisung wie dies auch dem Innenminister für den Öffentlichen Dienst zugewiesen ist. Dieser hat die Verhandlungen mit den Beschäftigten im öffentlichen Dienst zu führen und darüber zu wachen, dass die Löhne und Gehälter angemessen sind. Ebenso ist dies dem Gesundheitsministerium zuzumuten. Die Leistungen der Kassen haben so auszusehen, dass es keinen Bürger in unserem Land geben muß, der ohne Zähne herumläuft, weil die Gier der Kassen dies nicht zulässt oder gar auf Untersuchungen verzichten muß, weil er sich die Zuzahlung nicht mehr leisten kann. Sollte auf Grund von Misswirtschaft, wie dies aktuell der Fall ist, ein Defizit entstehen, so hat diese Lücke aus Steuermitteln geschlossen zu werden, denn es geht hier um nichts anderes als das höchste Gut der Bürger. Und dafür ist die Verwendung von Steuergeldern allemal gerechtfertigt, da das Geld auch vom Steuerzahler kommt.[11] Wer sich darüber hinaus unbedingt privat versichern will und seinen Beitrag für die Solidarversicherung bezahlt hat, der kann dies gern zusätzlich tun. Einen Wettbewerb, der sich unter den Kassen nie wirklich bewährt hat bzw. der nie wirklich existierte, haben die Versicherten nicht wirklich nötig und können im Falle der neuen

---

[11] Auf angeblich „friedenschaffende Maßnahmen" wie die Beteiligung an Überfällen auf friedliche und souveräne Staaten kann getrost verzichtet werden, da es nicht in der Verantwortung Deutschlands und schon gar nicht in der des Steuerzahlers steht die Machtgelüste und den Öldurst amerikanischer Despoten zu finanzieren und sogar noch durch die Teilnahme durch unsere Soldaten aktiv zu unterstützen. Jeder einzelne gefallene deutsche Soldat geht auf die Rechnung derer, die ihn dorthin geschickt haben – ohne Grund! Die Verantwortlichen in Deutschland – besonders die heute regierende Große Koalition und die Mitglieder der rot-grünen Koalition, gehören dafür noch zur Verantwortung gezogen. Mit der bloßen politischen Verantwortung darf es hier nicht getan sein! Wer behauptet, Deutschland hätte eine Pflicht sich in Afghanistan zu engagieren und dort am angeblichen Aufbau mitzuwirken, der belügt sich selber und das gesamte Volk. Es wurde kein Überfall auf Deutschland oder einen seiner Verbündeten von Afghanischem Boden aus auf Befehl der amtierenden Regierung verübt. Die Behauptungen der reißenden Bestie Bush waren lediglich dazu geeignet, ein Land zu überfallen, das schon lange ein Dorn im Auge Amerikas war. Dasselbe gilt für den verbrecherischen Überfall auf den Irak, bei dem die internationale Gemeinschaft durch die Amerikaner – wie schon im ersten Golfkrieg – belogen und betrogen wurde und sich zum gefügigen Werkzeug des größten Dilletanten gemacht hat, der je die Bühne der Weltpolitik betreten hat. Allen voran war Frau Merkel dem Möchtegern-Freund in vorauseilendem Gehorsam nachgelaufen, um ihn ihrer bedingungslosen Treue zu versichern. An statt ihn heute vor dem internationalen Gerichtshof als Verbrecher gegen den Frieden und die Menschlichkeit anzuklagen, sabbert sie heute noch ihre Treueschwüre in Richtung George W. Bush. Ekel erregend und eines deutschen Regierungschefs unwürdig! Anders kann dies Gehabe nicht bezeichnet werden.

wirklichen Reform auch davon ausgehen, dass durch die entfallende Preistreiberei unter den Kassen die Beiträge stabil bleiben.

Dieses Model der Volks- oder Bürgerversicherung ist dann auch nicht mit Vorstandpositionen zu besetzen, sondern mit einem Bundesgeschäftsführer, der ein ganz normales Gehalt entsprechende dem öffentlichen Dienst bezieht. Denn eine Solidarversicherung hat nicht die Aufgabe, die Günstlinge von Politik und Wirtschaft durch Tantiemen zu mästen, die ihnen nicht zustehen. Die Verwaltungspaläste, die sich die AOK und andere Geldvernichter im Krankenversicherungswesen geschaffen haben, können dann getrost in die Finanzierung der Reform eingebunden werden, da das Geld, aus dem diese errichtet wurden, sowieso den Versicherten gehört. Das Ziel einer verschlankten Kassenverwaltung und eine effiziente Leistung durch eine einzige Kasse ist für die Zukunft genau das, was sich der Bürger vorstellt, wenn er an einen verantwortungsvollen Umgang mit seinem Geld denkt. Zwanzig und mehr Kassen, die sich angeblich konkurrierend gegenüber stehen, sind für niemanden notwendig und können getrost vom Markt gefegt werden. Sie dienen nur ganz Wenigen, die sich mit ihrer

Hilfe die Taschen mit dem Geld der Versicherten voll stopfen. Die ist aktuell zu beobachten, da sich gerade die erste Welle der Zuschlagserhebung auf die Bürger zu bewegt, für die die Bundesregierung die Tore durch die „Gesundheitsreform" geöffnet hat. Die Versicherten wurden als vogelfrei für die Willkür der Kassen erklärt, das ist die Realität in Deutschland. Und dieser Zustand muß sehr schnell abgestellt werden. Es ist an der Zeit, dass die Steuergelder für unsere Bürger verwendet werden und nicht für die Finanzierung fremder Interessen, gleich welche dies sind! Um gleich jenen entgegen zu treten, die behaupten, ein solche Versicherung sei Gleichmacherei und würde sich nicht rechnen: Möglicher Weise fühlt es sich für all jene als Gleichmacherei an, die es sich leisten können, sich privat zu versichern und dabei sämtliche Annehmlichkeiten dieses Versicherungsschutzes in Anspruch zu nehmen. Es sei diesem überschaubaren betroffenen Klientel gesagt, dass es ihnen nicht das Geringste ausmachen dürfte, zuerst den in der Tat kleinen Obolus für die Bürgerversicherung zu entrichten, ehe sie dann ihren Luxus weiter genießen können. Wer aber ernsthaft über dieses Modell nachdenkt, ist dann vielleicht auch nicht weit von dem Gedanken weg, den Sinn seiner Privatversicherung in Zweifel zu ziehen, wenn allen die best mögliche medizinische Versorgung zum Normaltarif zur Verfügung steht. Dies ist Solidarität – nicht Spaltung!

Ein wichtiger Punkt, der neben der ebenso wie die ständige Nivellierung der Krankenversicherungsleistungen angesprochen werden muß, ist der erbärmliche Zustand unseres Rentensystems. Die aktiven und vor allem die zukünftigen Rentner unserer Tage sind nicht nur jahrzehntelang belogen worden, sondern sie werden auch noch bis unter die Armutsgrenze getrieben. Nach der Ausschlachtung der Rentenkassen unter der Regierung Kohl konnte das entstandene Loch bis heute nicht geflickt werden. Rentenerhöhungen von einem oder maximal zwei Prozentpunkten werden heute als Erfolge gepriesen, für die sich die Politiker feiern lassen wollen, als hätten sie wahren Reichtum unter die Menschen gebracht. Dabei machen diese Erhöhungen im Geldbeutel einer Rentnerin, die ihr Leben lang gearbeitet und vier oder fünf Kinder geboren hat, meist einen Betrag von maximal 12 Euro aus. Dieses Geld bleibt ihr aber nicht einmal, denn die Teuerungsrate und vor allem die Mehrausgaben vor allem für Energiekosten wie Strom und Gas haben diese Erhöhung schon aufgefressen, ehe sie das Geld auch wirklich bekommt.

Dazu kommen immer höhere Belastungen für jene, die die Rentner heute finanzieren und für die bis zum Erreichen des eigenen Ruhestandsalters nicht einmal mehr die Höhe des heutigen HartzIV-Satzes als Pension bleiben wird. Es ist eine Schande wie die Leute um die Früchte ihrer Arbeit betrogen wurden und werden. Diejenigen aber, die mit den Parolen „Ihre Rente ist sicher!" den Menschen Lügen aufgetischt haben, tingeln heute mit einem stattlichen Altersruhegeld durch die Medien und verkaufen sich als Gute-Laune-Bringer. Es gehört sich ein gerütteltes Maß an Kaltschnäuzigkeit dazu, sich derart dreist an den Wählern vergangen zu haben und dann noch in Gesprächsrunden den kompetenten Experten für Rentenfragen heraushängen zu lassen. Die Demaskierung dieser Brut ist deshalb so wichtig, damit es nicht so einfach wird, den Betrug an den Menschen fortzusetzen, die ihr Leben lang sparen, um im Alter abgesichert zu sein. Was wir heute haben, ist die Zuständigkeit des SGB XII für eine immer weiter steigende Zahl von Menschen, die von ihrer sauer verdienten Rente nicht einmal die Miete ihrer Wohnung bezahlen können. Damit muß Schluss sein.

Wir müssen für die Menschen in unserem Land Sicherheit schaffen, die es ihnen erlaubt, von dem zu leben, was sie sich erarbeitet haben. Dazu muss vor allem ein Bewusstsein geschaffen werden, das sich nicht an schnellen Profiten orientiert, sondern auf die Bedürfnisse der Menschen, auf ihre Ängste, Nöte und Sorgen ausgerichtet ist. Der Politik der etablierten Parteien fällt dazu nichts Besseres ein, als nach mehr Eigeninitiative und privater Vorsorge zu schreien und die Schuld an den leeren Rentenkassen den Rentnern selbst in die Schuhe zu schieben. Schließlich hätten diese ja mehr Eigenleistung erbringen können.[12] Die Frage ist, wie viel private Vorsorge noch geleistet werden muß und wer sich das alles noch leisten können soll! Es geht in unserem System nicht mehr ohne private Zusatzversiche-

---

[12] Dabei ist es egal, wie viel Eigenvorsorge ein Pensionär für seine Alterssicherung erbracht hätte. Die Regierungen Kohl und Schröder hätten auch dieses Geld nach Herzenslust verbraten und nicht den kleinsten Gedanken an jene verschwendet, die sich dieses Geld vom Munde abgespart haben und nun den Gang in die Sozialhilfe anzutreten haben. Diesen Herrschaften muß drastisch vor Augen geführt werden, wie viele Menschen sie durch ihr unverantwortliches Handeln in Not und Elend gestürzt haben. Der Gipfel der Bodenlosigkeit ist es, wenn solche Figuren auch noch für Preise und Auszeichnungen vorgeschlagen werden, die eigentlich für Menschen gedacht sind, die wirklich etwas für die Menschen bewegt haben. Darum müssen sich aufrichtige Menschen zur Wehr setzen, wenn beispielsweise Helmut Kohl auf eine Ebene mit Mutter Theresa gehoben werden soll. Man darf das Andenken dieser fantastischen Frau nicht derart verunehren, indem dieser Mann vollkommen unreflektiert für den Friedensnobelpreis vorgeschlagen wird.

rung für Krankheit, Zahnersatz, Alterssicherung, etc., etc.
Dass aber die Menschen durch ihrer Hände Arbeit sich das
Geld zusammen gespart haben, um im Alter vernünftig
leben zu können, wird nicht als Eigeninitiative gesehen. Die
Rentner haben ihre Altersvorsorge nicht verzockt, sondern
verantwortungslose Regierungen, die aus Profilierungssucht
nicht einmal vor der Plünderung der Kassen Halt gemacht
haben, die für die Existenz ganzer Generationen gedacht
waren. Dieses Geld war anvertrautes Gut und nicht der
Beliebigkeit von Wenigen zugedacht.

Wer die aktuelle Politik als bürgernah und patientenfreund-
lich beschreibt, der muß in der Tat von einer besonderen
Unverschämtheit geprägt oder aber vollkommen verblen-
det sein. Es ist nicht folgerichtig, dass diese Form der Men-
schenverachtung auch tatsächlich beim nächsten Urnen-
gang abgestraft wird, denn diejenigen, die von ihr am meisten betroffen sind, haben selten die notwendige Einsicht in
ihre Möglichkeiten, Veränderungen zu schaffen. Viel zu oft
ist die Meinung verbreitet, dass „der kleine Mann" ja sowieso übergangen wird und über seinen Kopf hinweg Entscheidungen gefällt werden. Dies soll und muß verändert
werden. Die Menschen müssen ermutigt werden, ihren

Einfluss zu schätzen und ihn auch geltend zu machen. Das eine Mal in vier Jahren muß der „Kleine" sich seiner Macht bewusst sein und von ihr mit aller Konsequenz Gebrauch machen. Und wenn dann diese Einsicht in die Veränderungsmöglichkeiten des einzelnen Wählers tatsächlich die Oberhand bei den Betroffenen gewinnt, so wird ein gewaltiges Heer an bisher nicht in Erscheinung getretenen Bürgern einen Umschwung herbeiführen, den sich die jetzige Koalition nicht im Traum vorstellen will. Dass dieses Szenario nicht möglich sein sollte, ist eine Fabel, die sich die jetzigen Parteibonzen nur zu gerne einreden, da sie um ihre Stühle fürchten. Die Bürger der ehemaligen DDR haben es uns unter weit aus schwierigeren Bedingungen vorgemacht und bewiesen, dass es keiner Gewalt bedarf, um nutzloses und inkompetentes Pack aus den Ämtern zu fegen.[13]

---

[13] Wer auch immer mit dem Auftrag ausgestattet wurde, sich um das Wohl der Menschen seines Landes zu kümmern und sich mit all seiner Kraft dafür einzusetzen, sollte nicht vergessen, dass er dafür verantwortlich gemacht werden kann und muß, wie er diesen Auftrag ausgeführt hat. Es muß nicht so drastisch ausfallen, wie in manchen ehemaligen Ostblockstaaten, als sich die Bürger endgültig von ihren ehemaligen Machthabern befreit haben. Doch ist das Vorbild der DDR-Bürger stets zu verinnerlichen, die ohne Hilfe anderer einen Umsturz herbeigeführt haben, der bis heute beispielhaft für die gesamte Weltgeschichte ist.

Man möchte glauben, dass die Entscheidungen bei den Wahlen zum letzten Bundestag oder zum bayerischen Landtag Union und SPD gleichermaßen in die Glieder gefahren sind und eine deutliche Warnung verkündet haben. Die so genannten Führungskräfte scheinen aber die Signale nicht richtig gedeutet zu haben und fahren in ihrer Politik der Umverteilung von unten nach oben munter fort. Schwer vorstellbar, dass diese Unbelehrbaren zu Entscheidungen kommen, die ihre Akzeptanz bei den Bürgern wieder steigen lässt und diese ihnen neuerlich die Erlaubnis erteilen, ihre Politik fortzusetzen. Das jetzt schon vereinzelt hörbare Lamento über Regierungsbildungen in einem 5-Parteien-System wird sich merklich verstärken, wenn nicht endlich die wenigen guten Köpfe in den etablierten Parteien die Oberhand gewinnen und ihre Vorstellungen für eine bürgerfreundliche Politik verwirklichen. Das echte Ausmaß wird sich erst dann zeigen, wenn noch instabilere Regierungsbündnisse in Deutschland geschlossen[14] werden und

---

[14] Dies wird spätestens dann der Fall sein, wenn charakterfreie Leute wie Westerwelle oder Gerhard an Regierungen beteiligt werden und Deutschland wieder von einem Zünglein an der Waage mitregiert wird, das seine politischen Ziele mehr oder weniger durch erpresserischen Druck durchzusetzen versuchen wird. Sozial nützlich oder nicht wird sich dieser talentfreien FDP jeder beugen, der an einer Großen Koalition kein Interesse hat und um jeden Preis die Macht will. Die Gefahr

damit der politische Offenbarungseid geleistet werden muß. Ein Zustand, der nicht wünschenswert ist, aber angesichts der aktuellen Verhältnisse unabwendbar erscheint. Daher ist das Umfrageergebnis, wer derzeit in der Wählergunst höher steht und bei einer direkten Wahl zum Kanzler gewinnen würde, nicht nur surreale Augenwischerei, sondern schlicht der Ausdruck der Wahl zwischen Pest und Cholera.

einer solchen Konstellation entfaltet sich gerade und ist hoffentlich durch ein kurzfristiges Umdenken der Wähler noch zu verhindern.

Hartz IV

Nach vier Jahren Hartz IV und systematischer Verarmung der deutschen Arbeitsuchenden, die von der Regierung Schröder gewollt und durchgesetzt worden ist[15], war bis vor kurzem die Hoffnung gehegt worden, dass sich unter der Führung der wenigen wirklich engagierten Politiker Beck, Rüttgers und Scholz eine Reform abzeichnen würde, die sich an den Bedürfnissen der Hilfebedürftigen orientiert und die Machterhaltsgelüste von bestimmten Gruppierungen außer Acht lässt. Es wurden in langen Gesprächen und Verhandlungen Ideen ausgetauscht und auch so mancher Kompromiss geschlossen, um endlich zu einer Lösung zu kommen, die so nah wie irgend möglich an die Interessen der Schwächsten in unserem Staat heran zu kommen. Außerdem stand auch das aufrichtige Interesse im Blickpunkt der Gespräche, endlich eine Sicherheit für jene zu schaffen, die in engstem Kontakt mit den Hilfesuchenden stehen und

---

15 Die Einführung von Harzt IV ist für die Union eine billige Gelegenheit gewesen, sich auf den sozialen Verbrechen der SPD ausruhen zu können, ohne diese selbst begehen zu müssen. Dass sie diese nicht zurücknimmt oder zu Gunsten der Hilfeempfänger verändert, versteht sich von selbst. Dass sich die Sozialdemokraten damit aber ein Eigentor geschossen haben, das sie über Jahrzehnte hinweg von der alleinigen Regierungsverantwortung fernhalten wird, haben Müntefering und Genossen noch lange nicht kapiert.

tagtäglich mit ihnen arbeiten. Am Ende stand eine Einigung unter diesen Vordenkern, die ihren Ausdruck in einem ernst zu nehmenden Gesetzesvorschlag fand. Dieser hätte für die derzeit amtierende große Koalition die wirkliche Chance geboten, am Ende von vier Regierungsjahren tatsächlich das erste Mal etwas zu schaffen, das für alle Beteiligten von großer Bedeutung gewesen wäre und für lange Zeit neue Perspektiven eröffnet hätte. Schließlich war der Vorschlag, ein „Zentrum für Arbeit und Grundsicherung (ZAG) zu schaffen, für alle Länder konsensfähig gewesen und hätte die Grundlage für eine Grundgesetzänderung geboten. Es war eine einzigartige Gelegenheit für die so genannten etablierten Parteien, das aufrichtige Interesse daran zu demonstrieren, an der Lösung der Probleme der Schwächsten in unserem Lande mitwirken zu wollen und wirksame Maßnahmen für eine Verbesserung unhaltbarer Zustände in die Wege zu leiten.

Was dann folgte war stattdessen ein offener Schlag ins Gesicht der Hilfebedürftigen, der Angestellten der ARGEN, die sich nun für weitere Jahre mit der Ungewissheit um die Zukunft ihres Arbeitsplatzes sorgen müssen und der Männer, die sich in aufrichtigem Ringen um einen praktikablen Weg engagiert haben.

Das Ergebnis des Triumvirats wurde von den führenden Köpfen der Unionsfraktion mit einem Handstreich zunichte gemacht und folgerichtig auch die Reputation der Verhandlungsführenden stark beschädigt. Nicht genug, dass hier egoistische Machtkalküle ausgelebt wurden, so stellte sich die Bundeskanzlerin als Zuschauerin teilnahmslos ins Abseits und ließ die unqualifizierte Meute gewähren. Führungsstil hätte bedeutet, jenen Kompromiss zu verteidigen, der in ihrem Auftrag von den Herren Rüttgers, Beck und Scholz ausgearbeitet worden ist und unter mühsamer Verhandlungsarbeit schließlich auch von allen Ländern akzeptiert worden ist. An Stelle dessen blieb Frau Merkel tatenlos und sah zu, wie verdiente Männer unseres Landes für ihre Bemühungen von Hinterbänklern und Wasserträgern abgewatscht und gedemütigt wurden.[16] Wer sich so offen-

---

[16] Dass eine Grundgesetzänderung mit einem minimalen Level an gutem Willen in kürzester Zeit durchpeitschbar ist, zeigt die wundersame Einigkeit der Heuchlermeute in der Verabschiedung einer Schuldenbremse, die ins Grundgesetz eingefügt werden soll. Eine unsinnigere Verfassungsänderung hat die Republik noch nie gesehen, denn diese wäre mit Leuten, die den Umgang mit dem Geld der Bürger verantwortungsvoll gestalten, nie und nimmer nötig gewesen. Nun glaubt man allen Ernstes, mit dieser Verfassungsänderung den Stein der Weisen

sichtlich gegen die Interessen einer fast acht Millionen Menschen zählenden Gruppe von Bürgern stellt und damit sein Desinteresse an deren Sorgen und Nöten augenscheinlich und unverhohlen demonstriert und darüber hinaus noch an der Demontage wirklich wichtiger Köpfe unserer Republik mitwirkt, der darf sich nicht wundern, wenn ihm zum einen wichtige Personen aus den eigenen Reihen den Rücken kehren und die Wähler an den Urnen aus ihrem Stimmzettel den Strickt drehen, an dem diese Politik gelyncht werden soll.

Frau Merkel war nicht so zimperlich als es darum ging, um jeden Preis ins Kanzleramt einzuziehen. Wenn es aber erforderlich ist, in den eigenen Reihen auf den Tisch zu hauen und zu einem angemessenen Umgang mit den existenziellen Nöten betroffener Bürger aufzurufen, hält sie sich bedeckt und von Führung oder gar Richtlinienkompetenz ist nicht das Geringste zu spüren. Feigheit oder

---

gefunden zu haben und dem Bürger etwas Gutes zu tun. Ein altbekanntes und obendrein unwirksames Täuschungsmanöver. Man hätte sich lieber mit dem gleichen Eifer daran gemacht, das Grundgesetz in dem Punkt zu ändern, der die Gestaltung einer SGBII-Reform wirkungsvoll gestattet hätte. Was hier noch auf die Hilfeempfänger zukommt, ist haarsträubend und wird nach der Wahl erwartungsgemäß nicht gerade mit hoher Dringlichkeit angesehen. So wird es spät im Jahr 2010 werden, bis eine Neugestaltung im Sinne von Pfusch geben wird – nach alt bewährtem Rezept!

Machtkalkül? Wie der einzelne Beobachter und Betroffene es auch nennen mag. Es ist einer der wichtigsten Gründe, diese Kanzlerin mit samt ihrem nutzlosen Gefolge in die Schranken zu weisen und klar zu stellen, dass es für einen deutschen Regierungschef nicht genug sein kann, salbungsvolle Worthülsen in die Luft zu säuseln, sondern dass es Entscheidungen zu treffen gilt, von denen in erster Linie das Volk profitiert. Auf solche Entscheidungen hat man von Frau Merkel vier Jahre vergeblich gewartet und darum ist es an der Zeit, sie mit Schimpf und Schande aus dem Amt zu jagen.

Betrachtet man in diesem Zusammenhang auch noch einen Herrn Kauder, der immer wieder von „Menschen in besonderen Lebenslagen" spricht, wenn er die Bezieher von Arbeitslosengeld II meint. Es liegt der Verdacht nahe, dass Herr Kauder immer noch nicht verstanden hat, dass die Lage der Hartz-IV-Empfänger keine besondere mehr ist, sondern dass deren Zahl täglich wächst und der Staat eine immer größere Summe[17] aufwenden

---

[17] Es wurde und wird mit großem Erfolg von Schröder und seiner Nachfolgerin vertuscht, dass der Steuerzahler eine immer größere Summe für die Grundsicherung auszugeben hat, weil entgegen der frisierten Zahlen die Arbeitslosen und die Empfänger von Hartz IV nicht

muß, um die Menschen zu unterstützen, die durch die aso-
zialen Reformen der Regierungen Kohl und Schröder in
die Armut und Perspektivlosigkeit getrieben worden sind.
Er hat immer noch nicht begriffen, dass er zu den Menschen gehört, die sich in einer „besonderen Lebenslage"
befinden, nämlich in einer totalen Absicherung und einer
Hängematte, die ihm die Gesellschaft immer noch ausbrei-
tet. Dass dies nicht so bleiben wird, daran arbeitet er täglich
mit wachsendem Erfolg selber. Denn angesichts der Parolen, die er und sein Kollege Söder immer wieder hinaus
posaunen, kann nicht angenommen werden, dass die
Mehrheit der Hilfebedürftigen ihnen weiterhin erlaubt, sich
nach Lust und Laune die Taschen zu füllen und auf denen
herumzutrampeln, die jeden Cent zehnmal umdrehen
müssen. Sie gehören in der Tat zu jenen Menschenveräch-
tern, die den Armen unseres Landes die Schuld für ihre
Armut zuschreiben. Sie sind bei den maßgeblich Verantwortlichen zu suchen, die durch ihre Blockadehaltung eine

---

weniger werden. Es kommt dabei nur darauf an, wer von der Regierung
als „arbeitslos" definiert wird. Und genau im Punkt dieser Definition
sind die Regierungen Merkel und Schröder sehr kreativ. Die Zahl mag
also angesichts der Definition zurückgehen, die Kosten steigen aber
munter weiter, denn die verschwiegenen Massen an Erwerbslosen steigen immer weiter an. Der Bürger ist der Betrogene, der tatsächlich annimmt, dass nur der nicht arbeitslos ist, der auch wirklich Arbeit hat.
Wie naiv doch der Wähler ist!

Reform des SGBII verhindert haben, weil sie sich ihrer Verantwortung den Menschen gegenüber nicht bewusst sind oder sich ihrer schlicht entzogen haben. Zudem stehen sie in vorderster Reihe, wenn es darum geht zu bestreiten, dass in Deutschland ein wachsendes Armutsproblem besteht und die dafür von der EU bereitgestellten Hilfen großkotzig zurückweisen.[18]

Dafür sind sie aber in der ersten Reihe zu finden, wenn es darum geht, denen noch mehr an Steuergeldern nachzuwerfen, die ohnehin schon genug davon eingestrichen haben und nun – mitten in der Krise – unverschämter Weise nochmals Profite abschöpfen. Ihr ständiges Credo lautet dabei, man müsse die Wirtschaft stützen, damit nicht noch mehr Arbeitsplätze verloren gehen, als dies ohnehin schon der Fall ist. Ein Selbstbetrug und ein Betrug am Wähler, der gewaltige Konsequenzen haben wird, denn die Krisenge-

---

[18] So wurden in den Jahren nach 2005, als Horst Seehofer das Ministerium für Ernährung Landwirtschaft und Verbraucherschutz leitete, die von der EU bereitgestellten Hilfen für die Armutslinderung in den Mitgliedsstaaten von ihm nicht abgerufen. Sollte etwa der Eindruck erweckt werden, den Deutschen gehe es immer noch gut? Dass er es nicht wusste, wie es um die deutschen Bürger steht, die sich wöchentlich bei den Tafeln in die Schlange einreihen kann nicht sein, sonst hätte er nicht gesagt: "Eigentlich ist es doch keine wirkliche Neuigkeit, dass es Hungerleidende in Deutschland gibt. Warum gibt es eine wachsende Anzahl von Suppenküchen, Tafeln und mehr?"

winnler interessieren sich nicht die Bohne für die Interessen der Beschäftigten. Sie haben den eigenen Profit im Auge und wenn dieser nicht mehr lukrativ genug ist, werden die angeblich zugesagten Arbeitsplatzsicherungen im Wind verhallen. Das anfangs böse Geschimpfe nach dem Umsiedeln Nokias nach Rumänien war schnell vorbei und die geflossenen Fördergelder sind bis heute noch nicht zurück bezahlt worden. Wer glaubt also noch an die Alibientrüstung von Heuchlern, die sich wirtschaftliche Kompetenz selber zuschreiben? Es sei an dieser Stelle auch an Erwin Huber erinnert, der sich nach monatelangen Lügen mit der „politischen Verantwortung" aus dem Staub gemacht hat und bis heute nicht dafür zur Rechenschaft gezogen wurde, dass er den Bayerischen Landtag und die Öffentlichkeit wider besseren Wissens nicht bzw. sogar falsch über die gigantischen Ausmaße informiert hat, die die Zockerei bei der bayerischen Landesbank angenommen hat.

Ein Arbeitslosengeld II-Empfänger, dessen Kind auch nur hundert Euro zum Geburtstag geschenkt bekommt und dies bei der ARGE nicht angibt, wird mit Sanktionen belangt und muß darüber hinaus mit einer Anzeige wegen Sozialbetruges rechnen. Wenn Milliarden verzockt werden und Verantwortliche wie Huber und Stoiber – denn niemand wird behaupten können, dass der ausgerechnet in diesem Fall nichts gewusst haben soll – dann auch noch wissentlich die Öffentlichkeit und die gewählten Volksvertreter belügen, dann wird dies als Kavaliersdelikt angesehen! Die Wertigkeiten sind hierzu Lande vollkommen verdreht worden und es ist an der Zeit, sie wieder zu Recht zu rücken. Schließlich ist das nicht das einzige Beispiel, in dem das Gesetz keine Beachtung findet, nur weil es einige Leute beträfe, die es sich herausnehmen, es nach Gutdünken auszulegen. Betrachtet man den Fall der angeblich systemrelevanten[19] *Hypo Real Estate*, so ist ein klarer Gesetzesbruch zu

---

[19] Die Systemrelevanz der HRE ist in manchem – von der Praxis her betrachteten – Gesichtspunkten klar anzuzweifeln. Eine systemrelevante Einrichtung kann und darf nicht kontrollfrei in beliebigen Gewässern fischen und Geschäfte abschließen, die den Untergang unzähliger Anleger bedeuten können. Wäre dem so, dass die HRE tatsächlich Systemrelevanz hätte, so wäre es die Pflicht und Schuldigkeit der Verantwortlichen aus dem Management und der Bundesregierung gewesen, entsprechende Kontrollemechanismen einzubauen und diese regelmäßig peinlich genau zu überwachen, damit sich keine derartigen Auswüchse auftun können. Unter diesem Aspekt wäre also eine derart wichtige Bedeutung zu verneinen, denn dies alles ist nicht geschehen. Somit sollte diese Bank nach den Gesetzen des Marktes einfach sich selbst überlassen werden und vor die Hunde gehen. Sollte die Systemrelevanz der HRE aber doch gegeben sein und die entsprechenden Kontrollaufgaben nur nicht in aller Strenge wahrgenommen worden sein, so ist nur eine Konsequenz zu ziehen, nämlich alle aus Politik und Wirtschaft zur Verantwortung zu ziehen – auch strafrechtlich, die hier ihre Pflichten verletzt haben.

erkennen, der aber niemanden kümmert. Die Bundesregierung hat sich sehr viel Zeit damit gelassen, das marode Bankhaus zu verstaatlichen, weil die Union ja niemanden von denen in ihrem Eigentumsrecht verletzen wollten, die das Geld der einfachen Leute verzockt haben und nun noch mehr aus deren Tasche holen wollten. Darum hat man sich auch nicht auf eine rasche Übernahme geeinigt, sondern hat nach der Methode Merkel erst einmal abgewartet, was denn passieren würde. Was passiert ist, war die Tatsache, dass das Kernkapital der Bank auf unter 3,5 Prozent zusammengeschmolzen ist und damit eigentlich der gesetzlich vorgeschriebene Super-GAU für Banken eingetreten war: die Insolvenz. Denn nach §10 Abs. 2b Satz 2 im Gesetz über das Kreditwesen (KWG) hat ein Kreditinstitut, das über weniger als mindestens vier Prozent des Kernkapitals verfügt, Insolvenz anzumelden. Dies zu überwachen, ist die Aufgabe der Bundesanstalt für Finanzdienstleistungsaufsicht (BaFin). Doch wer annimmt, dass das Gesetz, das ja genau für diese Fälle geschaffen wurde, auch tatsächlich angewandt würde, der irrt gewaltig. Anstatt die die sofortige Schließung der Bank und dann den kontrollierten Konkurs des Instituts zu veranlassen, wurde weiter gewartet und dem Steuerzahler nochmals eine höhere Last aufgebürdet.[20] Denn die Zeche für diese Pleite zahlt wiederum der Wähler, dem der Finanzminister dieser Tage die höchste Nettokreditaufnahme der Geschichte der Bundesrepublik Deutschland eröffnet hatte. Nicht einmal die Unfähigkeit Theo Waigels war über 40 Milliarden Euro hinaus gekommen, da damals noch Rentenkassen da waren, die geplündert werden konnten.

Die so genannte „Große Koalition" unter Führung von Angela Merkel hat es geschafft, durch Inkompetenz, Handlungsunwilligkeit und Ignoranz diese gigantische Summe in kürzester Zeit zu verdoppeln und sieht sich dabei auch noch in der Rolle des Retters vor noch Schlimmerem. Wiederum verschwiege wird dabei, dass die Schulden des Bundes nun auf rund 1.800.000.000.000 Euro – als 1,8 Billionen – angewachsen sind.

---

[20] Würde dies ein normaler mittelständischer Unternehmer machen, wäre er innerhalb kürzester Zeit wegen Konkursverschleppung vom Staatsanwalt in Untersuchungshaft genommen worden. Wo wird der Maßstab angesetzt. Was ist mit dem Recht in unserem Lande los? Wann hört diese Vertuschung auf und wann wird endlich das Recht für die Bonzen nicht mehr gebogen?

Gleichzeitig wird ein halbherziges Gesetz verabschiedet, das Steuerhinterziehung und Steuerbetrug härter bestrafen soll und vor allem die Ermittlungen in diesen Verbrechen intensiveren soll. Wie gesagt, halbherzig![21] Denn es kann von der Union und ihrem heuchlerischen Wunschkoalitionspartner FDP nicht erwartet werden, dass ernsthaft Leute wie Ex-Kanzlerberater und dann Postchef *Klaus Zumwinkel*, *Otto Graf Lambsdorf* (FDP) – selbst ehemaliger Wirtschaftsminister und darum besonders verwerflich, *Ludwig-Holger Pfahls* (CSU) gezielt von der Steuerfahndung gejagt und öffentlich demaskiert werden. Die genannten Namen sind auch nur durch die eigenen Fehler aufgeflogen und nicht durch das gezielte Ermitteln der Steuerfahndung.

---

[21] Wäre es tatsächlich der Wunsch der Kanzlerin gewesen, sich ernsthaft um di e Verfolgung der Steuerverbrecher zu kümmern, so hätte sie die zu erwartenden Strafen empfindlich nach oben gesetzt und dabei jene Kuhhändel grundsätzlich ausgeschlossen, die bisher überdurchschnittlich viele Steuerhinterzieher vor dem Knast bewahrt haben. Außerdem wäre es sinnvoll gewesen, die Zahl der Steuerfahnder in Deutschland zu verdoppeln, um die Gefahr des „Erwischtwerdens" deutlich zu erhöhen. Die Kosten wären nicht erschwinglich? Das ist das dümmste Argument, das angeführt werden kann, denn jeder Zollbeamte bringt dem Staat ein Mehrfaches von dem ein, das er von ihm als Besoldung erhält. Wer also jetzt noch immer nicht verstanden hat, dass dem ganzen Getue um die Steuerhinterzieher eine Systematik unterstellt werden muß, der möge seine Augen ruhig weiter geschlossen halten.

Um also hier nicht zu großen Schaden für jene entstehen zu lassen, die ihr Geld weiter in den Steueroasen verstecken, hat man dem Gesetz vorsorglich bereits seine Zähne gezogen. So kann sich niemand beklagen. Was auch auffällt ist die Tatsache, dass die europäischen Staaten, die eigenen und fremden Anlegern günstige Steuern anbieten und diesen Kontoinhabern auch einen maximalen Schutz vor den Begehrlichkeiten des heimischen Fiskus zusichern, in ungehöriger Weise beschimpft werden. Dass aber die Betrüger an sich wie Kinder hingestellt werden, die sich auf die Lockangebote unschuldiger Weise eingelassen haben, ist nach normalem Denken nicht einzusehen. Es steht einer deutschen Regierung nicht zu, sich in die Gesetzgebung der Nachbarn in Europa einzumischen. Es ist aber ihre Aufgabe, all jene aufzuspüren und namhaft zu machen, die denken, der Betrug am Staat sei nichts anderes als ein sportlicher Wettbewerb. Hier liegen die Versäumnisse und diese gilt es auszumerzen. Nicht die Schweizer, Österreicher oder Luxemburger tragen die Schuld an diesem Desaster, sondern Kriminelle wie Zumwinkel, Pfahls und Co. Das Messen mit zweierlei Maß – besonders in der jeweiligen Strafzumessung – ist ein unerträglicher Zustand, der jeden Vermögenden geradezu ermutigt, sich mit seinem Geld – am

Finanzamt vorbei – noch mehr zu bereichern. Die lächerliche Geldstrafe von einer Million Euro für Klaus Zumwinkel ist nicht dazu geeignet, ein wirkliches Exempel zu statuieren. Noch bunter wird es im Falle Lambsdorf, der als ehemaliger Minister der Bundesrepublik Deutschland gar einen Eid abgelegt hatte, dem Land treu zu dienen und es dann nur dem glücklichen Umstand zu verdanken hatte, dass man ihm keine Bestechlichkeit nachweisen konnte. Unfassbare 180.000DM waren die Strafe, die das Gericht für ein derart verwerfliches Verbrechen angemessen fand. Welchem Bürger das als Gerechtigkeit verkauft werden soll, möge von Frau Merkel und ihren feinen Freunden einmal erklärt werden. Es wäre schön, wenn bei dieser Erklärung vielleicht auch speziell auf Begründungen Rücksicht genommen werden könnte, die klar stellen, warum kein Geld mehr für die Erhöhung der Grundsicherungsbeträge oder für eine wirklich ernstzunehmende Anpassung der Kindergeldsätze mehr da ist. Hier wäre so mancher Bürger als interessierter Zuhörer anzutreffen. Das Geschwätz von Einsparungen und selbstverschuldeten Steuerausfällen kann dem Normalbürger nur Brechreiz verursachen.

Wenn ALGII-Empfänger heute zum Arzt gehen, tritt heute nicht selten der Fall ein, dass – auf Anweisung der Krankenkassen, und hier allen voran der „Gesundheitskasse" AOK – die Ausfertigung einer Arbeitsunfähigkeitsbescheinigung dem Patienten direkt in Rechnung gestellt wird. Der Hartz-IV-Empfänger ist nach der Maßgabe des zweiten Buches des Sozialgesetzbuches (SGB II) verpflichtet eine AUB vorzulegen. Dies hat nicht zuletzt den Grund, dass er dann unsinniger Weise für die Dauer seiner Arbeitsunfähigkeit nicht mehr als arbeitslos gilt, was zur – vornehm ausgedrückt – Aufbesserung der Arbeitslosenstatistik beiträgt. Dabei ist es vollkommen nebensächlich, dass der Betroffene immer noch nicht in Lohn und Brot steht. Dass er nun aber auch noch als gesetzlich Pflichtversicherter mit einem Einkommen, das weit unter der Armutsgrenze angesiedelt ist, für die Erstellung einer gesetzlich geforderten Bescheinigung zur Kasse gebeten wird, ist ein Skandal, der seines Gleichen sucht.

Ein Aufschrei der Empörung – wie man ihn von anständigen Menschen erwarten möchte – ist deswegen nicht zu vernehmen. Allenthalben war sogar der beispiellose Anstoß einer unwürdigen Diskussion um eine Absenkung der

Hartz-IV-Leistungen auf mehr Gehör gestoßen und unter riesiger Beachtung durch die Medien gezerrt worden, als beispielsweise die alarmierenden Armutsberichte unterschiedlicher Wohlfahrtsverbände, denen zufolge die Kinderarmut in unserem Land immer weiter wächst. Wenn derartige Absurditäten wie die Absenkung der Grundsicherung von Menschen ernsthaft in Erwägung gezogen werden, die sich tagtäglich mit dem Geld der Steuerzahler die Taschen voll stopfen und einen wahrhaft generösen Lebensstandard genehmigen, dann muß die Frage nach Sitte und Anstand in unserem Land mit Nachdruck gestellt werden.

Sicher war es so und wird es auch immer so sein, dass einzelne Personen Sozialleistungen missbrauchen und die Solidargemeinschaft täuschen. Eine traurige Realität, die aber nicht halb so skandalös ist wie das Verhalten derer, die sich nach Gutsherrenart zum Richter über jene aufspielen, die nicht Schuld haben an der Misere, in der sie sich befinden und auf die Unterstützung der gesamten Gesellschaft angewiesen sind. Diese Menschen, Ältere, Kinder, Alleinerziehende und viele andere Personengruppen, werden systematisch zu Menschen zweiter Klasse degradiert und man lässt sie dies auch ganz extrem spüren. Die Verrohung unserer Gesellschaft findet nicht in erster Linie in den Medien, auf den Pausenhöfen der Schulen oder in den Kinderzimmern statt, sondern sie wird gesät von den Politikern, die keine Gelegenheit versäumen, die Belange unserer Gesellschaft lediglich zum Phrasendreschen zu benutzen.

Bildung, Wirtschaft und Innovation

Man muß sich keine große Mühe zu machen, wenn man die Doppelmoral entlarven will, mit der die etablierten Parteien Interesse an der Zukunft unserer Jugend heucheln und ihr im gleichen Atemzug die Wege zu einer besseren Entwicklung und hoffnungsvolleren Chance für ihr Leben verbauen. Dass dies der Totentanz für unser Land ist, haben die so genannten Führungseliten unserer Tage scheinbar noch nicht durchschaut. Wer nicht in die Bildung und Ausbildung seiner Jugend investiert, hat für die Jahre nichts zu erwarten, in denen genau jene Jugend einmal die Stütze des Staates sein soll. Egal auf welchem Sektor das auch immer sein wird, es wird sich ein massiver Abfall der Leistungsfähigkeit des Staates abzeichnen, weil die Leistungsfähigkeit des einzelnen nicht hoch genug ist.

Von dieser Entwicklung wird das Handwerk genauso betroffen sein, wie die Produktion oder der innovative Sektor der Wirtschaft. Elitäres Gehabe mag dem einen oder anderen möglicher Weise imponieren. Doch haben diese selbsternannten Zirkel selten wirklich Nützliches hervorgebracht. Wirkliche Innovation wurde und wird aus kreativen Köp-

fen geboren und die sind nicht in den Champagner schlür-
fenden Kreisen von Tagedieben zu hause, sondern entwi-
ckeln sich in den einfacheren Schichten, wo man noch Bo-
denhaftung spüren kann. Aus diesem Grunde ist es ein
Gebot der Stunde, den Zugang zu Bildung, Ausbildung
und Studium allen zugänglich zu machen, die sich dafür
eignen und nicht nur denen, die Dank der elterlichen Brief-
tasche die Studiengebühren entrichten können.

Die Rechnung wird bereits in unseren Tagen präsentiert.
Denn gerade in Zeiten der Krise wären innovative Technologien und Produkte gefragter denn je, um schnell wieder
eine Spitzenposition einnehmen und die Talsohle der Re-
zession verlassen zu können. Stattdessen wird dem Lobby-
ismus der Hof gemacht und an jenen Technologien fest-
gehalten, von denen längst bekannt ist, dass die Zeche dafür – nämlich die nachhaltige Verseuchung unserer Erde –
unseren Kindern aufgebürdet wird. Wenn das Festhalten an
der Atomenergie als zentrale Aussage der Unionsparteien
als konservativ angesehen wird, so ist es allerhöchste Zeit,
sich modernem Denken zuzuwenden. Alter Wein in neuen
Schläuchen ist nicht gefragt. Hätte man vor der Atom-
Lobby nicht über Jahrzehnte willfährig gebuckelt und wür-

de sie nicht bis heute wie Wolfgang Clement aus Eigeninteresse bauchpinseln, so hätten die unzähligen Milliarden, die in diese Energie gesteckt worden sind, dazu genützt werden können, regenerative Energiequellen zu fördern. Ohne Zweifel eine Vorstellung, die nichts anderes ist als das Beklagen einer vertanen Chance. Die heutige Misere wäre dann ohne Probleme zu meistern gewesen.

Unsinn? Wohl kaum! Das lässt sich an unzähligen anderen Beispielen ebenso verfolgen. Die Automobilindustrie erlebt derzeit einen nie da gewesenen Niedergang und kämpft dagegen mit Methoden an, die bereits von 10 Jahren überholt waren. Wenn der CO_2 Ausstoß von Kraftfahrzeugen heute mit modernen Technologien wie beispielsweise durch Hybrid- oder Gasantriebe drastisch verringert werden könnte, so bauen die großen Hersteller nach altem Rezept immer noch Fahrzeuge, die durch PS-Geprotzte und Beschleunigungsrekorde Aufsehen erregen. Intensive Investition in die Forschung – Fehlanzeige! Ganz so, als wären wird nicht an einem Punkt angelangt, an dem ein massives Umdenken erforderlich ist. Von dem Irrglauben, dadurch größere Absätze zu erzielen, werden die wirklich notwendigen und zweifellos sehr bald überaus erfolgreichen Technologien nicht in die Vermarktungspolitik der Automobilhersteller Deutschlands einbezogen. Sie fristen ein eher stiefmütterlich behandeltes Dasein am Rande der von Profitgier getriebenen Umsatzwut. Auch das wird sich in nicht allzu ferner Zukunft bitter rächen.

Die stärkere Investition in zukunftsträchtige Solarenergie oder auch die Abkehr von hochgefährlichen Atomreaktoren, die in Deutschland – trotz ständiger hochbrisanter Zwischenfälle wie in Krümmel – als sicher und unverzichtbar verkauft werden, wären deutliche Zeichen eines vernunftbedingten Umdenkens und tatsächlichen Reformwillens. Doch festzustellen ist eine Fehlanzeige hinsichtlich jeder Vernunft bei Kanzlerin Merkel und ihren Spießgesellen. Statt Abkehr von Atomenergie und Abrechnung mit Vattenfall und Co. wird ein Störfall nach dem andern schön geredet, als wäre lediglich ein winziges Tröpfchen Öl aus einer undichten Pumpe entwichen. Klimakanzlerin will sie sich gern nennen lassen. Doch alles was sie zustande gebracht hat ist die katastrophale „Erfolgsmeldung", dass weitere zwei Grad Erderwärmung hingenommen werden müssen, da sonst die Händchenhalterei mit ihren angehimmelten Amerikanischen Klimakillern ganz schnell zu Ende sein könnte. Sie hat also bei Licht betrachtet nichts zu geschafft, außer nach der Manier ihres großen Vorbildes Kohl, die Dinge nicht anzupacken, sondern auszusitzen und das Ergebnis auch noch als einen Erfolg verkaufen zu wollen. Es ist ein Debakel, was diese Frau mit ihrer Inkompetenz in Deutschland angezettelt hat und es ist an der Zeit, die Schäden, die daraus noch entstehen werden, zeitig einzudämmen. In diesem traurigen und beschämenden Kontext muß die Entwicklung oder besser Fehlentwicklung unserer Gesellschaft seit Kohl gesehen werden.

Sozialpolitik und Kinderarmut

Die stetige Verödung der Renten wurde bereits angesprochen. Nach Jahren des Gezänks wurde das Kindergeld erhöht unter dem Deckmäntelchen, doch etwas für die Familien tun zu wollen, die Kinder haben und damit den Staat in ganz besonderer Art und Weise stützen und tragen, ja seinen Fortbestand sichern. Im Vorfeld dieser Kindergelderhöhung wurde über die Finanzierbarkeit gestritten, als würde den Familien nun eine segensreiche Zuwendung zuteil, die den Staat um seine Existenz fürchten lassen müsste.

Wer weiß, was Kinder heute kosten und mit welchen Entbehrungen es heute verbunden ist, Kinder aufzuziehen, der hat auch eine Ahnung davon, dass die bis dato 154 Euro Kindergeld nicht mehr waren als ein Almosen, das der Staat denen zugedacht hat, die seine Zukunft sichern. Das Ergebnis dieser unsäglichen Feilscherei auf dem Rücken der Kinder war eine Erhöhung von monatlich sage und schreibe 10 Euro pro Kind! Das entspricht im Staatshaushalt einer Summe von nicht einmal zwei Milliarden Euro. Angesichts dessen, dass 10 Euro noch nicht einmal ausreichen, um den Monatsbedarf an Windeln für ein Kind zu decken, kann über soviel „Großmut" unserer Regierung nur noch der Kopf geschüttelt werden. Allein die Beteiligung an so genannten „Frieden schaffenden Maßnahmen", bei denen jährlich tausende Zivilisten ihr Leben lassen, kostet das Hundertfache davon. Dieses Geld wird klaglos und ohne jede Diskussion und Feilscherei auf den Tisch gelegt. Nur wenige Wochen nach der Zangengeburt um das Kindergeld traf die Finanzkrise mit Wucht auf Deutschland. Statt die Verursacher dafür zu Kasse zu bitten und das verzockte Kapital von jenen wiederzuholen, die es aus Verantwortungslosigkeit und Profitgier auf den „globalisierten" Märkten verspekuliert haben, wurden Rettungspakte geschnürt die ein Zigfaches von dem ausmachen, das Eltern zugesteckt wird. Eine halbe Billion Euro allein an Staatsgarantien bedeuten im Notfall den Staatsbankrott, der aber riskiert wird, weil es hier eine Lobby gibt. Kalt lächelnd präsentiert die Kanzlerin das als großen Wurf, der aber nur einem hilft: Dem Zocker, der das ganze verursacht hat.

Es ist natürlich vorprogrammiert, dass sich Pläne zu sozialpolitischen Themen als Fehlgeburt herausstellen, wenn sie von der Union angepackt werden und unter freundlicher Assistenz der sozialdemokratischen Steigbügelhalter dazu missbraucht wird, noch mehr sozialen Unfrieden zu schüren und die Generationen gegeneinander auszuspielen. Die Verabschiedung der Rentengarantie, der vom Bundesrat nun auch die Zustimmung gewährt worden ist, hat absolut Sinn, wenn man einige Einflüsse berücksichtigt. Die Renterinnen und Rentner dieses Landes haben es verdient, ihren Ruhestand nicht in Not und Armut verbringen zu müssen, sondern auf stabile Bezüge bauen zu können und so ohne Furcht vor dem Morgen ihren Lebensabend genießen zu dürfen. Dies haben sie sich erarbeitet und kann auch dadurch nicht geschmälert werden, dass die Einheit Deutschlands durch gewissenlose Machthaie mit dem Geld erkauft wurde, das eigentlich von Menschen angespart war, um nicht in die bedrohliche Situation zu kommen, in die sie von Kohl und seinen Helfershelfern gestürzt wurden. Es kann nicht angehen, dass seine Erben Merkel, Schäuble u. a., die damals schon Mitverantwortung getragen haben für das, was heute erst intensive Auswirkungen hat, mit den Fingern auf andere zeigen und denen unterstellen, sie hätten keine Ahnung von Sozialpolitik. Die Rentengarantie hat ihren Sinn, denn sie schützt jene vor noch mehr Verarmung, als dies ohnehin schon vorprogrammiert wurde. Doch dieser Schutz kann nur funktionieren, wenn man nicht einseitig ein solches Gesetz festlegt – ohne wie üblich weiter zu denken, sondern daneben auch klar festschreibt, dass jene, die diese Kosten heute zu tragen haben, auch einen klaren Zuwachs an Einkommen verbuchen müssen, um nicht nur die Garantie finanzieren zu können, die den Rentenbeziehern gegeben wurde und daneben auch ihre eigenen Lebensstandard zu sichern in der Lage sind. Für diese Einsicht hat die geistige Kompetenz des Merkel-Clans nicht mehr gereicht und so war klar, dass die Spaltung der Gesellschaft noch weiter vorangetrieben werden musste. Wenn hier eine Eskalation vermieden werden soll und für eine sozial ausgewogene Gesellschaftsgestaltung gearbeitet werden soll, so ist der einzige Einsichtige in diese Notwendigkeit gefragt, der das Ermessen hat, der Regierung Merkel Einhalt in ihrem Wahnsinn zu gebieten: Der Wähler!

Kinder haben in unserem Land keine Lobby und werden darum mit dem Trinkgeld, mit dem man sie abspeist, geradezu verhöhnt. Dieser Hohn steigert sich ins Unerträgliche, wenn der jährliche Armutsbericht der Bundesregierung um die Ohren gehauen wird. In den letzten zehn Jahren stieg die Zahl der Kinder, die in Deutschland in Armut leben, erschreckend an. Mindestens jedes sechste Kind in Deutschland ist arm – und damit auch seine Eltern. Im letzten Jahr ist diese Zahl offiziell zurückgegangen. Das war aber nur darum der Fall, weil die Regierung die Definition der Armut verändert hat. Am Grundproblem an sich ist aber nicht das Geringste verändert oder gar verbessert worden. Die Eltern dieser Kinder können immer noch nicht von dem leben, was sie durch ihre Arbeit verdienen. Schlimmsten Falls fallen sie sogar noch denen zum Opfer, die sich die Taschen mit Millionen-Abfindungen voll stopfen und wenige Tage zuvor den Arbeitsplatz tausender Familienernährer verheizt haben. Wenn sich Frau von der Leyen dann vor der Kamera in Pose rückt und ihre so ge-

nannten Erfolge für die Familien in Deutschland lobpreist,
kann einem denkenden Menschen nur noch schlecht werden.

Es gibt, wie gesehen, eine Vielzahl von Problemen in unserem Land, die es energisch zu bekämpfen gilt. Aber dass in
unserem Land, in dem die Quartalsberichte der Wirtschaft
immer noch Milliardengewinne ausweisen, die auf dem Rücken derer erwirtschaftet wurden, die dafür ihren Job verloren haben, Kinder – und damit auch ihre Familien - in Armut leben, muss jedem anständigen Menschen die Schamesröte ins Gesicht treiben.

Die Ausflüchte, mit denen glaubhaft gemacht werden soll,
dass für tief greifende Veränderungen keine Mittel zur Verfügung stünden, sind immer wieder dieselben. Da gelte es
zuerst den Staatshaushalt zu konsolidieren oder aber die
Wirtschaft könne derzeit keine Lohnerhöhungen verkraf-
ten. All dieses Geschwätz ist seit Jahrzehnten immer dasselbe und wird sich auch nicht ändern, weil der Wille zur
Veränderung den Verantwortlichen schlicht fehlt. Im gleichen Atemzug wird aber immer weiter dereguliert und der
Ausbeutung Tür und Tor geöffnet. Der Interessens- und
Existenzschutz für den Normalbürger hat keine Bedeutung

in diesem Land. Mit dem Abbau von Arbeitsplätzen und damit der systematischen Verarmung der Betroffenen wird der millionenschwere goldene Handschlag für jene Manager finanziert, die durch ihr verantwortungsloses Handeln Firmen und Konzerne – und damit auch die Arbeitsplätze ihrer Angestellten – an den Abgrund des Ruins getrieben haben. Wenn Herr Mehdorn für seine kriminellen Machenschaften auch noch Abfindungen in Millionenhöhe kassiert und keine Verfolgung durch die Justiz befürchten muß, so ist die Frage nach der Anständigkeit in diesem System ganz klar zu stellen. Denn seine Leistung als Bahnmanager rechtfertigt die Zahlung einer solchen Abfindung nicht im Geringsten. Ausbaden werden dies jene, die in den nächsten Monaten ihren Arbeitsplatz verlieren werden und damit wieder die heißen Anwärter sind auf die Antragstellung auf Hartz-IV-Leistungen. Damit schließt sich der Kreis wieder, in dem am Ende die Kinderarmut steht, von der niemand etwas wissen will. Mehdorn, Zumwinkel und Kollegen aber haben sich mit den eingestrichenen Millionen ein fürstliches Auskommen gesichert, das sie nicht in die Verlegenheit bringen wird, das Schicksal ihrer ehemaligen Mitarbeiter teilen zu müssen.

Diese Zustände sind haarsträubend und lassen in den normal sterblichen Bürgern nichts anderes aufkommen als blanke Wut. Die Präsidentschaftskandidatin der SPD, Gesine Schwan, warnt nicht umsonst vor sozialen Unruhen und wird dafür noch von Politikern aller Parteien verhöhnt. Sicher ist es so, dass die Bürger unseres Landes mehr einstecken als dies eventuell anderswo in Europa der Fall ist. Nicht umsonst blieb unsere Wirtschaft bisher vor Generalstreiks u. ä. verschont. Doch genau die Situation, dass gewissenlose Geschäftemacher das Geld der Sparer verzockt und die Regierung nichts besseres zu tun hat, als den Bürgern nochmals mehr Abgaben und Steuern abzuverlangen, ist der Tropfen, der das Fass zum Überlaufen bringen kann. Oskar Lafontaines Warnungen werden ein weiteres Mal ungehört und müde belächelt bleiben, die da lauten: „Die Bürger machen dieses Chaos nicht mehr lange mit!" Es muß zu einer Verbesserung kommen, die jeder – auch der geringstqualifizierte Arbeitnehmer – spüren kann. Tritt dies nicht ein und gibt sich Angela Merkel weiter der Illusion hin, dass 2010 der Aufschwung schon kommen werde, so wird es ein böses Ende für den sozialen Frieden in Deutschland geben. Es ist nicht Schwarzmalerei, wenn vor der Unzufriedenheit im Volk gewarnt wird, sondern nichts anderes als die nüchterne Analyse von Missständen, die die inkompetente Politik geschaffen wurden.

Es kann kein Verständnis im Volk dafür erwartet werden, dass hunderte Milliarden Euro von Managern verbrannt werden und der Steuerzahler dafür gerade stehen soll. Der Finanzminister verweigert Steuersenkungen, die die Kanzlerin vollmundig schon jetzt als Wahlgeschenk für die nächste Legislaturperiode verspricht, mit dem Hinweis auf Steuerlöcher und Haushaltsdefizite. Gleichzeitig präsentiert Herr Ackermann Milliardengewinne, die aber nicht zur Abdeckung der verzockten Geldern verwendet werden. Das kann nicht passen und ist auch dem Wähler nicht verständlich zu erklären. Die Menschen haben Angst um ihren Arbeitsplatz und damit um ihre Existenz. Wer das nicht verstehen will, gehört nicht ins Management und schon gar nicht in die Politik. Es ist nicht an der Zeit, mit den Belangen der Menschen zu spielen, sondern es ist allerhöchste Zeit, sich der Sorgen der Bürger anzunehmen und geeignete Schritte einzuleiten, die dieses Interesse an den Nöten der Menschen glaubhaft unterstreichen. Die Mitarbeiter von Opel und vielen anderen in der Existenz bedrohten Unternehmen haben es nicht zu verantworten, dass sie mit dem Rücken zur Wand stehen und darauf warten, dass sich ein kompetenter Mensch ihrer Lage annimmt und ihre Arbeitsplätze rettet.

Wie bedrohlich sich die Entwicklung auf die Menschen auswirkt, die von Merkels Chaostruppe fleißig vorangetrieben und weltweit unterstützt wird, zeigt auf besonders beeindruckende Weise die Sozialenzyklika, die Papst Benedikt XVI. am 29. Juni 2009 veröffentlichte. Er warnt eindringlich davor, den Menschen ihren gerechten Lohn vorzuenthalten und sie Armut und existenzieller Verunsicherung zu überantworten. Menschen müssen von ihrer Arbeit leben können und dürfen nicht aus Profitgier und überzogenen Ertragsprognosen ausgebeutet oder gar ihres Arbeitsplatzes beraubt werden. Es gibt eine Verantwortung, die die Wirtschaft für den einzelnen in der Gesellschaft zu tragen hat. „*»Caritas in veritate«* ist das Prinzip, um das die Soziallehre der Kirche kreist, ein Prinzip, das in Orientierungsmaßstäben für das moralische Handeln wirksame Gestalt annimmt. Besonders zwei von ihnen möchte ich erwähnen, die speziell beim Einsatz für die Entwicklung in einer Gesellschaft auf dem Weg zur Globalisierung erforderlich sind: *die Gerechtigkeit und das Gemeinwohl. Die Liebe geht über die*

Gerechtigkeit hinaus, denn lieben ist schenken, dem anderen von dem geben, was „mein" ist; aber sie ist nie ohne die Gerechtigkeit, die mich dazu bewegt, dem anderen das zu geben, was „sein" ist, das, was ihm aufgrund seines Seins und seines Wirkens zukommt. Ich kann dem anderen nicht von dem, was mein ist, „schenken", ohne ihm an erster Stelle das gegeben zu haben, was ihm rechtmäßig zusteht.[22] Man kann hier ohne Übertreibung von einer klaren Ohrfeige für die desolate Gestaltung der deutschen Sozialpolitik sprechen.

Es liegt klar auf der Hand, dass die derzeitige Gestaltung unserer Gesellschaft mit Gerechtigkeit nicht viel zu tun hat und wenn es darum geht, das Gemeinwohl im Auge zu haben, dann ist das Maß vollkommen überschritten worden. Moralisches Handeln ist weder in der Wirtschaft noch in der Politik gefragt. Das zeichnet sich schon in der Tatsache ab, dass sich jedermanns Liebling, Angela Merkel, lieber zu unqualifizierten und in keiner Form ihr zustehenden Kritiken am Heiligen Stuhl hinreißen lässt, nur um dem einen oder anderen politischen Lagergenossen einen Gefallen zu tun. Einsichten in die tatsächlichen Hintergründe

---

[22] S. H. Benedikt XVI., Caritas in veritate, Juni 2009, Einleitung Punkt 6

interner vatikanischer Entscheidungen bleiben ihr dabei genauso verwehrt, wie in die eigentlich nötigen Entscheidungen, die sie hätte treffen müssen. Wer seinen eigenen Stall nicht ausmisten und in Ordnung halten kann, der kann sich nicht berufen fühlen, etwas Staub im Hause eines anderen zu bemängeln![23] Spätestens die mahnenden Worte des Heiligen Vaters in seiner Enzyklika hätte ihr dabei Anstoß zur Nachdenklichkeit sein sollen. Dies hätte aber vorausgesetzt, dass sie aus Intelligenz heraus zu Selbstkritik fähig wäre. Leider hat Sie dies nicht erkennen lassen, sondern die Mahnungen des Papstes zu einer gerechteren Gestaltung der Gesellschaft, in der die Verantwortung für die Schwachen und Hilfebedürftigen, die Kinder und Familien eine exponierte Rolle spielen, als eine Art Schwärmerei abgetan. Auf die Folgen dieser Geisteshaltung kann sich

---

[23] Die Art und Weise, wie die Kanzlerin Kritik an der Umgangsweise mit dem Holocaust-Leugner Richard Williamson geübt hatte und in welch unqualifizierter Art diese angebracht wurde, ließ so manchen erblassen, der in seiner Kindheit ein Minimum an Erziehung erfahren hatte. Nicht nur, dass die Kritik erst lange nach der Zurechtweisung des Piusbruders durch den Heiligen Stuhl kam und damit vollkommen überflüssig war. Der Papst hat in seiner Kariere mehrfach Aufgaben wahrnehmen müssen, die schwierig zu händeln waren und konnte dabei erfolgreiche Ergebnisse vorzeigen, ohne auf die naseweisen Rüffel von Frau Merkel zurückgreifen zu müssen. Diese Entgleisung war wohl die klarste Demonstration Merkelscher Ignoranz, die sie sich jemals herausgenommen hat. Leider blieb es aber nicht die letzte!

Deutschlands Bevölkerung schon jetzt einstellen, sollte diese Kanzlerschaft eine weitere Fortsetzung finden. Ihre Verbündeten für die Fortsetzung ihres politischen Programms hat sie bereits gefunden. Schließlich ist absehbar, dass es keinen westlichen Regierungschef gibt, der aus den Fehlern der eben erst erlebten Wirtschaftskatastrophe lernen will. Es wird sogar schon wieder zur Tagesordnung übergegangen und ohne Konsequenzen genau das gleiche Konzept weiter verfolgt, wie es vor dem Platzen der Blase praktiziert wurde.

Der Papst stellt in Erinnerung an die Sozialenzyklika von Papst Paul VI. klar, dass „keine Struktur diese Entwicklung garantieren kann, wenn sie die menschliche Verantwortung beiseite lässt oder sich über sie stellt. Die »Messianismen«, reich an »Verheißungen, die doch nur Gaukler einer Traumwelt sind«, gründen ihre eigenen Vorschläge immer auf die Leugnung der transzendenten Dimension der Entwicklung, in der Sicherheit, dass diese ihnen ganz zur Verfügung steht. Diese falsche Sicherheit verwandelt sich in Schwäche, weil sie die Unterjochung des Menschen mit sich bringt, der zu einem Mittel für die Entwicklung herabgewürdigt wird, während die Demut dessen, der eine Berufung annimmt, sich in wahre Autonomie verwandelt, weil sie den Menschen frei macht. Papst Paul VI. bezweifelt nicht, dass Hindernisse und Bedingtheiten die Entwicklung hemmen, aber er ist auch sicher, dass »jeder seines Glückes Schmied, seines Versagens Ursache [ist], wie immer auch die Einflüsse sind, die auf ihn wirken«. Diese Freiheit betrifft die Entwicklung, die wir vor uns haben, aber sie betrifft zugleich auch die Situationen von Unterentwicklung, die nicht ein Ergebnis des Zufalls oder einer geschichtlichen Notwendigkeit sind, sondern von der menschlichen Verantwortung abhängen. Aus diesem Grund bitten »die Völker, die Hunger leiden, … die Völker im Wohlstand dringend um Hilfe«. Auch das ist Berufung, ein von freien Menschen an freie Menschen gerichteter Appell für eine gemeinsame Übernahme von Verantwortung. Papst Paul VI. hatte ein lebendiges Empfinden für die Wichtigkeit der wirtschaftlichen Strukturen und der Institutionen, aber ebenso deutlich war sein Empfinden für deren eigentliches Wesen als Werkzeuge der menschlichen Freiheit. Nur wenn sie frei ist, kann die Entwicklung ganz menschlich sein; nur in Verhältnissen von verantwortlicher Freiheit kann sie in angemessener Weise wachsen."[24]

Noch eindringlicher und zugleich lebendiger kann nicht beschrieben werden, was die Welt derzeit braucht. Ein gemeinsames Gefühl der Solidarität, in der die Egoismen der radikalen Marktpolitiker keinen Raum haben. Es darf nicht mehr weiter gehen, wie bisher. Die gegenwärtige Krise ist noch nicht überwunden, da hantieren die Bankmanager schon wieder in der bewährten Weise mit Risikopapieren. Diesmal aber mit der Sicherheit, dass sie faule Kredite in Bad Banks auslagern können und damit der Griff in die Tasche des Steuerzahlers noch einfacher wird als bisher. Diejenigen aber, die dabei auf der Strecke bleiben, haben nicht die geringste Aussicht darauf, Entschädigungen für Verluste zu bekommen, die ihnen durch falsche Beratung zugefügt wurden und möglicher Weise einen großen Teil ihrer Ersparnisse vernichtet haben.

---

[24] S. H. Benedikt XVI., Caritas in veritate, Juni 2009, Kapitel 1

Außenpolitik

Auf Grund der aktuellen Außenpolitik, die in unserem Land betrieben wird, sollten hierzu noch einige Worte angebracht werden, die dazu beitragen sollen, ein Überdenken der deutschen Haltung zu Nachbarn und Partnern anzuregen.

In einem Europa, das sich in einem Prozess der Einigung befindet und bisher nur zu gern als eine Union schön geredet wird, ist es notwendig ein wesentlich partnerschaftlicheres Verhalten einzufordern und auch selber an den Tag zu legen, wie dies bisher der Fall war. Hierzu bedarf es eines gesunden Selbstbewusstseins aber auch einer überlegten Konsilianz. Die Raubeinigkeit, mit der europäische Politiker die nationalen Egoismen ihrer betreffenden Länder pflegen, kann nicht das Fundament sein, auf dem ein geeinigtes und in Freundschaft gefestigtes Haus „Europa" gebaut wird. Daher ist es von besonderer Bedeutung, dass es jedem neuen Mitglied dieser Gemeinschaft verdeutlicht wird, dass ein Beitritt von der Gemeinschaft ebenso revidiert werden kann wie ihm zugestimmt worden ist. Gerade neuere Mitglieder der EU, die sich durch besondere Blockadehaltungen auszeichnen, sind mit diesem Gedanken klar zu konfrontieren. Es kann nicht angehen, dass das Vorankommen im Einigungsprozess von einigen wenigen aus nationalem Egoismus und Vorteilsdenken heraus behindert wird. Darüber hinaus ist aber auch die Solidarität der „großen" Länder der Gemeinschaft mit jenen zu intensivieren, die sich nach dem Beitritt zur Union sichtlich schwer tun in ihrer Entwicklung und deren Bevölkerungen unendlich große Entbehrungen auf sich geladen haben, um ihrem Ziel, ein Teil dieser Gemeinschaft zu werden und durch das Eingebundensein in sie ein besseres Leben zu haben, ein Stück näher zu kommen. Gerade Länder wie Ungarn oder gar Rumänien und Bulgarien sind in dieser Hoffnung bisher nur enttäuscht worden. Wirtschafts- und Produktionskonzerne haben sich dort nur unter dem Gesichtspunkt angesiedelt, die günstigen Lohnkosten nutzen zu wollen und die dort vorhandenen Arbeitskräfte entsprechend niedrig zu bezahlen, während die Profite der Konzerne überproportional ansteigen. Eine Verbesserung für die Lebensumstände für die Menschen in den betroffenen Ländern ist aber nicht eingetreten. Dies kann in einem partnerschaftlichen Europa nicht angehen. Die Lebensbedingungen müssen für alle so geschaffen werden, dass es sich für jeden lohnt, seinen Beitrag zu einem gesunden Europa zu leisten. Wenn aber die Menschen nicht erkennen, wofür sie einen Beitrag leisten, werden sie auch nicht bereit sein, dieses Europa zu tragen und mit begeistertem Leben zu erfüllen. Die Einführung des Euro wird dabei den neuen EU-Mitgliedern gern als zu erreichendes Ziel präsentiert. Davor ist aber zu warnen, denn diese Währungsumstellung kann für viele ein noch weiteres Abrutschen in Not und Elend mit sich bringen. Das Beispiel Griechenlands zeigt klar, dass eine EU nicht in der Lage ist und war, eine schön gerechnete Bilanz korrekt zu prüfen und die begangenen Fehler mittels intensiver Hilfen für die Rettung vor dem Staatsbankrott zu korrigieren.

Wenn Europa eine partnerschaftliche Gemeinschaft werden soll, so ist die Wirtschaft und letztlich auch die Währung als Diener der Menschen dieser Gemeinschaft einzusetzen und darf nicht als bloßer profigieriger Moloch seine Spur von West nach Ost ziehen. Wenn man auf der Reise von West nach Ost immer weniger Veränderungen an den Lebensumständen der Menschen bemerkt, dann war der Plan von Europa erfolgreich und wurde zum Wohle der Menschen verwirklicht. Alles andere ist nur Profitgier und Augenwischerei. Diesen Weg zu beschreiten lohnt sich wirklich und diese Idee verdient es auch mitgetragen zu werden. Ein Europa der Verlierer kann aber nicht Bestand haben. Dazu brauchen wir engagierte Menschen, die Politik im Sinne aller Europäer machen und nicht nur die nationalen Interessen im Vordergrund sehen. Einsicht in die Bedürfnisse der Menschen und politische Überlegtheit, die nicht jeden Idealismus über Bord geworfen hat, sind die Eigenschaften, die für diese Politik gefragt sind. Selbstbeweihräucherung, wie sie so genannte „Förderer der europäischen Einigung" gern für sich in Anspruch nehmen, hat hier keinen Platz. Dieser Prozess erfordert uneigennützige Diener und nicht Schreihälse, die nur dann etwas zu tun bereit sind, wenn am Ende eine unverdiente Ehrung steht. Das ist kein Dienst, sondern Narzissmus und dieser ist in einem derart gewaltigen Projekt fehl am Platze. Gerade Deutschland hat die Aufgabe, diese Idee voranzutreiben und die Pflicht der deutschen Bürger ist es, Politiker mit der Aufgabe der Mitgestaltung dieser Gemeinschaft zu beauftragen, die sich genau diesen Part des Dienens zur Lebensaufgabe gemacht haben. Dann stellen wir als unseren Teil für Europa das Beste zur Verfügung, was unser Land zu bieten hat – zum Wohle der gesamten Europäischen Union. Es kann nicht sein, dass wir Unsummen von Geldern ausgeben, um die gewaltsam und rechtswidrig zerstörten Strukturen anderer Länder wieder aufzubauen und dabei unsere Nachbarn und Freunde im Stich lassen, die unsere Hilfe ebenso notwendig benötigen. Lassen wir die Ordnung im Irak und anderswo jene wieder aufbauen, die sie aus Profitgier zerstört haben. Dies ist nur billig und recht. Wir haben mit dem Bau des Hauses Europa alle Hände voll zu tun, in dem unsere „kleinen" Nachbarn jede Hilfe bekommen müssen, die sie benötigen, um auch in ihren vier Wänden angemessen leben zu können. Dieses Ziel ist zu schaffen und muß in jedem Fall in Angriff genommen werden, wenn wir nicht schon bald vor den Trümmern einer Idee stehen wollen, die es verdient hätte, gehegt und gepflegt zu werden.

Die beiden Präsidenten Bush haben es geschafft, Amerika als Partner der europäischen Staaten in so großen Misskredit zu bringen, dass es heute schwer fällt, von Freunden zu sprechen. Die Dreistigkeit mit der vor allem Bush jun. die Bündnispartner der NATO und der internationalen Gemeinschaft belogen und betrogen hat, um sein Ziel eines Angriffskrieges am persischen Golf realisieren zu können, war so groß, dass es klar denkenden Menschen nicht in den

Sinn kommen kann, von einer wirklichen Vertrauensbeziehung zu den USA sprechen zu wollen. Verstanden haben dies scheinbar nicht alle. Denn wenn man die anbiedernden Besuche Angela Merkels und ihres Hofstaates beobachtet hat, so erinnerte dies immer nur an des Kaisers neue Kleider. Ein klares Wort hätte mehr bewirkt als die verlogenen Freundschaftsfloskeln, mit denen die Kanzlerin diesem Despoten hinterher gehechelt ist. Bush hat die Welt in einen Abgrund gestürzt, der nicht nur viele Familien in ganz Europa und den USA Trauer um ihre gefallenen Söhne und Töchter beschert hat. Seine und die Inkompetenz seiner gesamten Administration hat ein wirtschaftliches Desaster verursacht, unter dem nun die gesamte Welt zu leiden hat. Hätte einmal ein mutiger Politiker existiert, der dieser Posse Einhalt geboten hätte, so wäre es nicht zu einem derart kläglichen Ende eines Präsidenten gekommen, der keine demokratische Legitimation hatte. Und noch nicht einmal heute, nach seinem Verschwinden von der politischen Bühne tritt ein Politiker auf, der offen die Aburteilung dieses Mannes fordert, der ein Ausmaß an Verbrechen begangen hat, das in unseren Tagen seines gleichen sucht! Heuchelei beschreibt dieses Tun nur unzulänglich.

Es ist darum an der Zeit, das Verhältnis zu den USA auf
neue Beine zu stellen und nicht immer nur willig die Forderungen der Amerikaner zu erfüllen, sondern selber Forderungen zu stellen. Diese Forderungen müssen in erster Linie auf die Rückkehr zu Verlässlichkeit, gleichberechtigter
Partnerschaft, Ehrlichkeit und vor allem zu Gerechtigkeit
hin zielen. Ohne diese Werte, die unter Bush nicht das Geringste zählten, ist eine Zusammenarbeit mit den USA nicht
möglich. Seine Politik war es, durch Betrug die eigenen Interessen zu verfolgen und rücksichtslos alles aus dem Weg
zu räumen, was dem im Wege stand. Es ist deshalb an der
Zeit, die USA darauf hinzuweisen, dass sie sich in den
nächsten Jahren bewähren müssen, wenn sie Partner haben
wollen und nicht Lakaien. Von diesem Lakaientum muß
sich die gesamt Europäische Union distanzieren und
selbstbewusst auf die Werte pochen, die für eine gemein-
schaftliche Basis unerlässlich sind. Das zerstörte Vertrauen
muss zum Wohle der gesamten internationalen Gemeinschaft wieder aufgebaut werden. Dazu ist es notwendig,
dass die neue Führung der Vereinigten Staaten zu den begangenen Fehlern ein klares Bekenntnis ablegt und ernsthaft an der Wiedergutmachung arbeitet, ohne diesen Part
an andere zu delegieren. Dass die USA wieder zu einem

solchen Partner werden wollen und können, wird die große Aufgabe von Präsident Obama werden, der sich genau daran wird messen lassen müssen, ob er begangenes Unrecht wieder gut machen und das verlorene Vertrauen wieder herstellen kann.

Dies einzufordern ist nicht nur möglich, wenn man schon unablässig von „Freundschaft und Partnerschaft" spricht, sondern ist unabdinglich, wenn man den Wert einer Freundschaft tatsächlich erkennen lassen will. Es wird sich zeigen, ob unsere Politiker die Courage an den Tag legen können und dies auch in aller Offenheit in den kommenden Jahren formulieren werden. Die Ansprüche und das verantwortungslose Handeln Amerikas haben der Welt, Europa und nicht zuletzt auch Deutschland schweren Schaden zugefügt. Dies wurde von der Administration Bush billigend in Kauf genommen. Der Blick war gerichtet auf die eigenen Machtgelüste. Dazu waren die Europäer und allen voran willkommene Steigbügelhalter. Damit muß Schluss sein nach allem, was geschehen ist. Amerika ist nun an der Reihe, die begangenen Fehler zu korrigieren und dafür gerade zu stehen. Die Forderung nach Hilfen aus Deutschland und von unseren Nachbarn ist geradezu unverschämt. Dies muß klar sein und kann nicht durch freundliche Floskeln verwischt werden! Es kann nicht zur Tagesordnung übergegangen werden, als wären die Verbrechen, die begangen wurden, nie geschehen. Nur in dieser klaren und aufrichtigen Haltung ist eine wahre Partnerschaft auf Augenhöhe mit Europa durchführbar.

Deutsche Demokratie

Gerade ist unser Grundgesetz, zweifelsfrei eine sehr gute Verfassung, sechzig Jahre geworden und anlässlich dieses Geburtstages hat man in Deutschland auch einen neuen Bundespräsidenten bestimmt. Genau, bestimmt! Man kann bei den Zuständen, die sich im Zusammenhang mit „Wahlen" in Deutschland um den Akt des Wählens selbst tummeln, nicht im Entferntesten an die bestimmende Herrschaft des Volkes[25] erinnert fühlen. Im Gegenteil. Das Ge-

---

[25] Demokratie (gr. Δημοκρατια) meint im eigentlichen Sinn des Wortes, dass die Herrschaft vom Volke ausgeht und jegliche Machtbefugnis an vom Volk selbst gewählte Personen übertragen wird. Zu diesem Zweck

schacher um Macht und politische – selbstredend lukrative – Pöstchen wird von den Verantwortlichen in den Parteien so würdelos schon weit vor den Wahlen veranstaltet, dass dem Bürger am Wahltag nur noch die Auswahl bleibt, welche Partei er auf keinen Fall mit irgendeinem Amt betraut wissen will. Aber was ist das für eine Demokratie? Soll dieser Mensch, der von einer Anzahl politisch handverlesener Bürger und den außerdem stimmberechtigten Politikern aus Bundes- und Landespolitik nach unwürdigem parteipolitischem Vorgeplänkel ins höchste Amt unserer Republik gehoben wird, dem Anspruch geltend gerecht werden können, der Präsident aller Deutschen zu sein? Dem ist mit einem entschiedenen NEIN zu begegnen, denn es kann nicht angehen, dass selbst jene Staaten, die von Menschenwürde, Demokratie, Friedenseinsatz der Bürger und vielem anderem keine Ahnung haben, ihre Präsidenten und Regierungschefs selber bestimmen dürfen. Der deutsche Wähler aber, der die eben genannten Begriffe nachweislich mit Leben erfüllt hat und seine Demokratiefähigkeit wie kein anderer auf dieser Welt nachgewiesen hat, wird von diesem Recht sorgfältig ferngehalten. Es ist nicht nur ein Gebot des

wurde Volksversammlungen abgehalten, bei denen die Stimmabgabe eines jeden Wahlberechtigten berücksichtigt wurde.

innersten Sinnes der Demokratie, sondern auch das ange-
stammte Recht eines jeden wahlberechtigten, in einer Demokratie lebenden Menschen, jene Personen selber zu
bestimmen, die später die Regierungsmacht in Händen halten sollen und mit den dazu gehörenden Befugnissen und
Privilegien ausgestattet werden sollen.

Wenn Deutschland mit seinen Präsidenten bisher auch
immer Glück gehabt haben mag und mit der Wiederwahl
Horst Köhlers ein bemühter Präsident im Amt bestätigt
wurde, so ist die Wahl niemals mit dem direkten Willen des
Volkes geschehen und damit – bedauerlicher Weise für den
Amtsträger – immer ein Stück weit „volksfern". Herr Köh-
ler mag in den vergangenen fünf Jahren nach seinen Möglichkeiten den Versuch der Einflussnahme unternommen
haben. Da er aber seine Vorstellungen von einem Mehr an
direkter Demokratie, die er ohne Zweifel hat, nicht mit dem
geziemenden Nachdruck verfolgt und zu verwirklichen
versucht hat, kommt man nicht umhin, die Ernsthaftigkeit
dieses Denkens anzuzweifeln. Umgekehrt könnte er sich
und der Demokratie unseres Landes ein Denkmal setzen,
wenn er die Mündigkeit des Bürgers wieder stärker hervor-
hebt und diese auch in direkten Wahlen zum Ausdruck

kommt. Die Zeiten der Bevormundung muß ein für alle mal vorbei sein. Hierfür hat er nun ausreichend Zeit und es ist zu hoffen, dass er sein Amt dazu nützt, die Befugnisse des Wählers zu stärken und ihm den Rang zu verschaffen, den er verdient hat. Daran wird er sich messen lassen müssen.

Dies gilt in ganz besonderer Weise auch für jene, die sich um die Abgeordnetendiäten in den unterschiedlichen Wahlkreisen bemühen und dazu nur im Stande sind, weil sie von einem exklusiven Kreis für diese Bewerberlisten vorgeschlagen werden. Welche Vorleistungen dafür notwendig waren, ist irrelevant, da es ohnehin nur selten wirkliche Kompetenznachweise sind, die sie zum Kandidaten werden haben lassen. Eine ganz andere Qualität würde es dann noch gewinnen, wenn die Kanzler Deutschlands direkt vom Volk gewählt würden, weil dann die Bildung der Regierung nicht mehr nur von denen abgekartet werden kann, die schon im Vorfeld daran gearbeitet haben, dass ihre Pfründen unangetastet bleiben. Es wäre eine beeindruckende, erfrischende und starke Form der Demokratie, die sich in Deutschland entfalten würde, in der jeder Bürger hinter seiner Stimme stehen könnte. Nach dem aktuellen

Stand kann dies kaum ein Bürger, da er sich von allen so genannten etablierten Parteien verschaukelt fühlt – zu Recht.

Es hat wichtige Gründe, warum man den Wähler in unserem Land unmündig hält: Hinter der hier zu Lande praktizierten Form der Demokratie verbirgt sich nach dem Eindruck des Bürgers nichts anderes als die panische Angst einiger weniger Amtsinhaber vor größeren Machtbefugnissen eines Bundespräsidenten und einer vollkommen neuen Amtsauffassung, die ein vom Volk direkt gewählter Bundeskanzler an den Tag legen müsste. Die Parteien befürchten einen riesigen Anteil ihres Einflusses zu verlieren, wenn diese beiden tragenden Amtspersonen direkt gewählt würden und nicht mehr nur das Ergebnis einer indirekten vom Parteienklüngel abgekarteten Bestimmung durch „Fraktionszwang"[26] wären. Je mehr Macht man dem Bürger in die

---

[26] Mag sein, dass die Auffassung blauäugig ist, doch kann man kaum von einer demokratischen Entscheidung sprechen, bei der der Delegierte oder Wählende grundsätzlich nur seinem Gewissen unterworfen sein soll und dann die Parteien den Fraktionszwang zum Tragen bringen. Nach dem Verständnis der Mehrheit der Demokraten ist dies Instrument der praktizierte Totschlag jeden demokratischen Vorgangs und nur dazu geeignet, machtpolitischen Interessen zum Sieg zu verhelfen. Die Interessen des Volkes haben wieder hintan zu stehen. Wäre dem nicht so, so hätte man das Volk direkt zur Urne gerufen. Seinen Gipfel erreicht dieses Verfahren in der Zusammensetzung der „Volksversamm-

Hand gibt, wenn man ihm einen Stimmzettel reicht, desto unwägbarer ist die tatsächlich gewollte Erfüllung des Machthaberwillens durch den Wähler. Es kann nicht mehr klar gesagt werden, ob die Stimmabgabe auch wirklich so laufen wird, wie diese die betreffenden Personen wollen. Die CSU in Bayern mit Stoiber und Gefolge kann davon ein Lied singen, denn sie musste in aller Härte erfahren, wie desaströs eine Wahl enden kann, wenn der Zorn des Souveräns nicht mehr zu besänftigen ist.

Es darf der Souverän unseres Staates – das Volk – nicht weiter zum Statisten bei den Entscheidungsprozessen degradiert werden, die ihn unmittelbar betreffen. Dazu gehört die Wahl des Bundespräsidenten, des Bundeskanzlers und alle anderen Prozesse, die etwas mit Dingen zu tun haben, die den Bürger direkt betreffen. Die Abschaffung der D-Mark, der Beitritt zur EU, die Entsendung von Truppen in einen rechtswidrigen Krieg , um nur einige zu nennen, wären solche Anlässe gewesen. Es geht mit diesem Prozess

---

lung", die den Bundespräsidenten wählen soll. Wer hier von den Parteien als handverlesenes Stimmvieh berufen wird, hat nicht wirklich die Möglichkeit, sich dem Einfluss zu widersetzen, der auf einen ausgeübt wird. Und wenn es doch jemand schafft, so wird er nach der Wahl ordentlich an den Pranger gestellt, weil er sich nicht unterbuttern ließ. So geschehen mit Ihrer Durchlaucht, Fürstin Gloria von Thurn und Taxis, bei der Wahl des Bundespräsidenten 2004.

natürlich einher, dass der Präsident nicht mehr nur Repräsentant ist, sondern mit wesentlich mehr Macht ausgestattet werden muß. Dies ist dringend nötig. Unser Land braucht Menschen an seiner Spitze, die das Vertrauen des Volkes genießen und dies in einer Stimmabgabe dokumentiert wissen.

Die Linkspartei als Alternative?

Die angesprochenen Themen sind nicht aus der Luft gegriffen und für jeden Menschen in unserem Land täglich präsent. Es sind nur die brennendsten Probleme benannt, die ohne jede Übertreibung für den Großteil unserer Bevölkerung Auslöser für Existenzängste sind. Darum muß auch darüber nachgedacht werden, wie die Zukunft unseres Landes aussehen kann und soll und wer in der Lage sein könnte, diese zu gestalten. Dafür gibt es unterschiedliche Perspektiven und Denkmodelle.

Da wäre zum einen die Möglichkeit, bei den anstehenden „Wahlen" jene mit einer Regierungsbildung zu beauftragen, die sich selber als „bürgerliches Lager" bezeichnen und für sich die Kompetenz beanspruchen, Deutschland aus der selber angezettelten Misere herausführen zu können. Umfragen bestätigen, dass es eine Mehrheit gibt, die glaubt, die amtierende Kanzlerin hätte die Fähigkeit, die Krise zu bewältigen und für eine spürbare Besserung zu sorgen. Kann das stimmen? Es gibt keine Anhaltspunkte dafür, dass diese Annahme richtig sein kann. Denn wäre dies so, dann hätte Frau Merkel schon in den letzten Jahren dafür Sorge getragen, dass sich die gigantische Belastung der Bürger nicht in Richtung eines Staatsbankrotts auswächst. Die notwendigen Schritte in die Richtung der Staatspleite hat sie hingegen mit den Entscheidungen der letzten Monate in die Wege geleitet. Ob ihr dabei die SPD oder - wie sonst üblich - die FDP helfen wird, die Mehrheiten zu beschaffen, spielt für sie kaum eine Rolle. Sie hatte die Möglichkeiten, die Steuermehreinahmen aus dem vergangenen Wachstum zur Bildung von Rücklagen zu verwenden und sich auf den Einbruch der Wirtschaft gezielt vorzubereiten.[27]

---

[27] Die Behauptung, dass diese Krise nicht vorhersehbar gewesen wäre und vollkommen überraschend hereingebrochen ist, stellt die bodenloseste Unwahrheit dar, die seit der Rentenlüge Blüms verbreitet worden ist. Die Seifenblase musste zerplatzen und dass die Zeit dafür reif war,

Es wäre möglich gewesen, die Kontrollaufgabe des Staates tatsächlich wahrzunehmen und nicht nach den nachweislich falschen Konzepten der Deregulierung, Banken und Wirtschaftsunternehmen das Ersparte der Bürger verzocken zu lassen. Es wäre möglich gewesen, durch gezielte Gesetzgebung den Verbraucher vor der Ausbeutung durch gewinnsüchtige Manager zu schützen und klare Regeln für die Wirtschaft zu erstellen, die einen Rechtsanspruch auf die Erstattung von verantwortungslos verspekuliertem Vermögen zusichern. All das ist nicht geschehen. Und nun soll genau jene Regierung die Kompetenz dazu haben, den angerichteten Schaden wieder zu regulieren? Das ist genau so, als hätte man George W. Bush die Sanierung des total maroden amerikanischen Staatshaushaltes zugetraut.

Wenn man sich dann noch dazu ansieht, wer als Partner für die Union im Falle einer Regierungsbildung in Frage kommt, so kann einem nur angst und bange werden. Die FDP mit Westerwelle an der Spitze und einem ahnungslosen Wolfgang Gerhard in der Warteschlange ist heute zu nichts anderem in der Lage, als was sie nicht schon immer

---

konnte man sich gerade in den angeblich wirtschaftlich so kompetenten Kreisen der Union an drei Fingern abzählen.

gezeigt hätte. Ihre Rezepte von Deregulierung und Liberalisierung sind nichts anderes, als der neuerliche Versuch, all jene mit neuen Einnahmemöglichkeiten zu versorgen, die ohnehin privilegiert sind und denen die aktuelle Krise höchstens dahingehend Sorgen macht, dass ihre Raffgier nicht so befriedigt wird, wie sie das gern hätten. Die Vorschläge zur Sozialpolitik, die aus der liberalen Ecke kommen, kann man getrost als Verhöhnung derer betrachten, die seit jeher benachteiligt waren und auch noch nie zum Wählerklientel der FDP gehört haben. Die so genannten Liberalen sind, waren und bleiben die Partei der Besserverdienenden. Wenn sich heute ein Westerwelle hinstellt und lauthals schreit, „Arbeit muss sich wieder lohnen!", dann ist das Langzeitgedächtnis des Wählers gefragt. Oder hatte irgendjemand tatsächlich angenommen, diese Phrase habe er sich selber einfallen lassen?

Der Lieblingsslogan der FDP war im Jahr 2005 der, dass "Leistung sich wieder lohnen muss". Gemeint war damit: Wir wollen nichts abgeben, die Steuern für die Groß- und Besserverdiener sollen möglichst niedrig und für die unteren Einkommen gleich bleibend hoch sein, denn wenn jeder an sich denkt, ist an alle gedacht. So war das 2005 und

Westerwelles Ansinnen in seiner innovationsfreien Rede zur Wahlkampferöffnung 2009 ist davon – bis auf das Wort „Arbeit" – nicht zu unterscheiden. Es ist ihm sogar abzunehmen, was er damit meint. Denn auch hier kann es kein Vertun geben, wenn man wissen will, für wen sich Arbeit wieder lohnen soll. Es wird die Uhr zurück gedreht auf die Zeit, als es noch nicht den Ansatz der Mindestlöhne gab, und die Beliebigkeit des Umgangs mit Arbeitnehmern den Bossen Profite bescherte, die ohne Beispiel waren. Kohls gelehriges Schulmädchen Merkel wird sich da auch nicht lange bitten lassen, denn wenn es darum geht, Freunde zu beschenken, war sie seit jeher in der ersten Reihe zu finden. Mit den so genannten Liberalen wir ihr das noch leichter fallen und es ist nicht daran zu denken, dass der Arbeiter am Fließband, am Bau oder in der Fertigung auch nur zehn Euro mehr in seiner Lohntüte finden wird. Lohnen kann und wird sich die Politik der FDP wie immer nur für sehr wenige. Das war so und das wird immer so bleiben. Westerwelles Heuchelei von sozialem Gedankengut ist dabei auch nur eine Lügenmantra, das er mit derselben Unglaubwürdigkeit herunterbetet, wie dies auch schon Graf Lambsdorff, Solms, Gerhard und andere „Lichtgestalten" der deutschen Liberalen getan haben, um an den einträglichen Abgeordnetenstuhl zu kommen, der für vier Jahre ein üppiges Einkommen sichert.

Es ist eine lausige Vorstellung, die der FDP-Vorsitzende in seiner Ideenlosigkeit und Verblendung abliefert. Er erfüllt nicht einmal den Minimalanspruch der Wähler, etwas Neues zu bringen. Nein! Es bleibt alles beim alten: Wenn die FDP „mehr Leistungsbereitschaft" fordert, meint sie, dass die Leistungen gekürzt werden sollen, wenn sie von mehr „Eigenverantwortung" redet, heißt dies, dass der Staat und die Mitmenschen sich aus der Verantwortung zurückziehen sollen. Das ist das Langweilige an der FDP: Keine Partei ist so plump, so einfallslos und so dreist. Darum war sie zwischenzeitlich allen wurscht, sogar den Porschefahrern. Nun aber steigt die Gefahr wieder an, dass deren Inkompetenz und Amigowirtschaft einfach vergessen wird und sie daraus wieder Profite schlagen können. Das darf nicht geschehen!

Sein hysterisches Gebrüll auf dem Parteitag: „Die FDP will regieren, sie will regieren!", mutete an wie das Trotzen eines Kleinkindes, das mit dem Fuß aufstampft, wenn es etwas nicht bekommt, das es unbedingt will. Es mag sein, dass Westerwelle regieren will, um seine eigenen Pfründen zu wahren. Doch wen interessiert, was Westerwelle will. Er hat nicht in einem einzigen Nebensatz ein Angebot angedeutet, das die FDP glaubhaft dem Wähler anbieten wollte, für den Fall, dass dieser Partei ein Regierungsauftrag erteilt würde. Weshalb also will die FDP regieren? Wohin will diese Partei das Land wieder führen? Noch weiter in den Abgrund, als sie das ohnehin schon getan hat? Wir wollen nicht vergessen, dass die FDP die Partei ist, die in Deutschland am längsten regiert hat und darum auch an einem gigantischen Anteil der Misswirtschaft und politischen Fehlleistung in Deutschland die Mitverantwortung trägt. Wer einem Guido Westerwelle, der wohl von Ehrgeiz zerfressen, aber nicht wirklich ein Mann von Format ist, der akzeptable politische Ziele aufzeigen kann, mit der Beteiligung an der künftigen Regierung beauftragt, der könnte auch Georg W. Bush mit der Verantwortung für die Sanierung von Opel und seiner Muttergesellschaft ausstatten. Es ist alter Wein in nicht einmal neuen Schläuchen, der hier von einem Bauernfänger verkauft werden soll. Es ist der Gipfel der Frechheit von liberaler Bürgertäuschung, sich lauthals für die Regierung mit der Union anzubiedern, im gleichen Atemzug aber zu betonen, dass man nach allen Seiten offen sei und keine Koalitionsaussage abzugeben, nur um am Ende noch die eine oder andere Option offen gehalten zu haben, die einem noch ein Ministerpöstchen einbringen könnte. Mit wem diese Regierung dann zusammengezimmert wird, das ist der politischen Hure FDP noch immer egal gewesen. Diese Einsicht hatte selbst Franz-Josef Strauß schon gewonnen, als er daran feilte, die sozialliberale Koalition zu sprengen.

Die Umfragen mit rund 13% der Wählerstimmen können einen Bürger nur erschrecken, der sich noch an das Regierungsbündnis unter Kohl erinnern kann und noch weiß, wie dieses in Deutschland gewütet hat. Wenn dieser Regierungsstil mit all seinen Konsequenzen bis hin zum Staatsbankrott konservativ bzw. bürgerlich sein soll und sich für diese Konstellation eine Mehrheit unter den Bürgerinnen und Bürgern findet, dann möge Gott unserem Lande gnädig sein.

Wenn man sich als ein Bündnis aus Union und FDP wünscht, so kann das nur bedeuten,

* dass man als Wähler nicht die Bereitschaft hat, neue Wege zu beschreiten und lieber alles so lassen will wie es ist;

- dass es den Leuten immer noch nicht schlecht genug geht

- oder dass man tatsächlich aus den ewigen Versprechungen der vergangenen Jahre nicht das Geringste gelernt hat. Letzteres wäre der schlimmste anzunehmende Fall.

Die klägliche Situation der SPD ist zum einen Mitleid erregend und zum anderen bizarr. Eine Volkspartei, die sich so weit von ihren Grundsätzen und Zielen für den Einsatz für soziale Gerechtigkeit und ein sozial harmonische Gestaltung von Wirtschaft und Gesellschaft entfernt hat und nun krampfhaft um die Wiedererlangung der alten Position kämpft, ohne bereit zu sein, die dazu notwendigen Reformen in den eigenen Reihen einzuleiten, ist nicht lebensfähig. Die sozialdemokratische Idee wurde von ihren eigenen Führern – nicht zuletzt von Gerhard Schröder - zu Grunde gerichtet und sie wird mit den aktuellen Köpfen auch nicht zu neuem Leben erweckt werden, sondern immer nur eine Partei bleiben, die sich der Union bis zur Unkenntlichkeit assimiliert hat. Das rote Kostümchen, das sie sich übergestreift hat, kann darüber nicht hinweg täuschen. Die Regierung Schröder hat in der Koalition mit den Grünen, die sich früher einmal als linke Friedenspartei definiert haben, eindrucksvoll demonstriert, dass der rote Anstrich nur eine optische Täuschung war. Unglaubwürdigkeit ist ein wichtiger Punkt in den Wahlprogrammen der beiden großen Volksparteien und man muss kein Prophet sein, wenn man voraussagt, dass die künftigen kleineren Koalitionspartner bei der Fortführung der Wählertäuschung willige Helfershelfer sein werden. Dass die Sozialdemokraten noch in der Marke von rund 25-30% gehandelt werden, grenzt an ein Wunder. Denn jemand, der seinen Job aufgibt, für den er sich einmal voll Überzeugung gestanden hat und dann zur Gegenseite wechselt, müsste eigentlich von der Bildfläche verschwinden.

Die SPD hat den Gedanken der Sozialdemokratie längst zu Grabe getragen. Aus diesem Grunde hat sie auf der politischen Bühne auch nichts mehr zu suchen. Sie hat Verrat an all denen begangen, die sich eine Besserung ihrer Situation erhofft hatten. In der rot-grünen Regierung haben diese Wähler dann das wahre Gesicht erkannt, das die SPD hinter ihrer Maske von sozialem Gerechtigkeitsgeschwätz verborgen hat. Hierin liegt nun auch der wirkliche Grund, warum sich die SPD-Führung so sehr vor einer Koalition mit der LINKEN fürchtet. Es würde dann nämlich ganz klar herauskommen, wer wahrhaft die sozialen Themen besetzt und formuliert. Dann wäre auch klar, wohin sich die noch verbliebenen Wähler – und möglicher Weise auch Mitglieder - der SPD bewegen würden. Logischer Weise in das Lager der Vereinigung, die ihre Ideen zu transponieren versteht. Die SPD hat keine Ahnung mehr davon, worum es dem „kleinen Mann" geht und welche Sorgen ihn plagen. Diese Partei ist für sich zu einer Art Selbstzweck geworden und gerade darum ist sie entbehrlich.

Für den Bürger wird sich nur dann etwas ändern, wenn die Bürgerinnen und Bürger dieses Landes einer neuen linken Partei ein starkes Mandat erteilen, mit dem gewährleistet ist, dass nicht an den Belangen der Menschen vorbei regiert wird. Es muß wieder eine echte Linke Mitverantwortung tragen für die Interessen aller in der Gesellschaft, da sich gezeigt hat, dass es ohne eine solche Positionierung als Gegengewicht zu Beliebigkeit nicht geht. Die Schere zwischen arm und reich ist in den letzten zehn Jahren so weit auseinander gegangen wie noch nie in der Geschichte Deutschlands. Es wird eine starke Stimme gebraucht, die auf diesen Missstand hinweist und keinen Zweifel an der Ernsthaftigkeit dieser Politik lässt. Die LINKE ist in der gesamten Parteienlandschaft derzeit die Gruppe, die es wagt, den Finger in die Wunde zu legen und klare Forderungen für den Umbau der Gesellschaft zu formulieren. Die LINKE hat sich mit Erfolg dort positioniert, wo die SPD hin will und hat es sich zur Aufgabe gemacht, die Rechte derer zu verteidigen, die von den etablierten Parteien nicht nur im Stich gelassen worden sind, sondern auch noch täglich durch ihre Parolen verhöhnt werden. Wenn eine SPD heute für mehr soziale Gerechtigkeit wirbt, so ist die Frage berechtigt, warum sie diese nicht in den letzten Jahren aktiv geschaffen hat. Wo waren die engagierten Kämpfer, die heute den Mindestlohn für alle fordern und in der konkreten Umsetzung die Hände in den Schoß gelegt und vor dem schwarzen Koalitionspartner gekuscht haben? Warum arbeiten in unserem Land heute immer noch Menschen in Vollzeit und können von ihrem Lohn nicht einmal ihr eigenes Leben finanzieren, sondern müssen durch HartzIV aufgestockt werden? Was hat die SPD für deren Verbesserung unternommen? Wo sind die Sozialdemokraten, denen die Schamesröte im Gesicht steht, wenn sie erklären, die Erhöhung des Kindergeldes um satte zehn Euro pro Kind war eine Wohltat für die Familien? Wo sind diese Herrschaften, wenn der Armutsbericht der Kinder in Deutschland vorgelegt wird? Wo haben sie sich gegen die Hoffart der Union durchgesetzt, wenn Kanzlerin Merkel im Stile Marie Antoinettes bei Hunger Kuchen statt Brot zu essen verordnet?

Die LINKE wird nicht müde, Vorschläge zu erarbeiten, die es den Menschen in unserem Lande ermöglichen, wieder von ihrer Arbeit leben zu können, ohne den Staat um Almosen anbetteln zu müssen. Es sind konkrete Pläne da, die eine Verbesserung der sozialen Absicherung für die Bedrohung durch Arbeitslosigkeit, für die Renten und auch eine wirkliche Reform der Krankenversicherung zum Ziel haben. Die Vermeidung von Kinderarmut ist für die LINKE nicht nur eine Floskel, sondern inneres Anliegen.

Um diesen Ziele zum Wohle jedes einzelnen in unserer Gemeinschaft eindrucksvoll Nachdruck zu verleihen und in dieser Richtung die Gesellschaft unseres Landes mitgestalten zu können, ist es notwendig, ihr ein starkes Mandat zu erteilen, das sie auf Augenhöhe mit jenen bringt, die ihre Ignoranz täglich aufs Neue unter Beweis stellen. Es muss ein ständiger Prozess sein, mit dem die Wählerinnen und

Wähler von ihrem Recht Gebrauch machen, sich Gehör zu verschaffen. Jeder ist aufgerufen, dies mit seiner Stimme zu tun und aktiv das Angesicht unseres Landes mit zu verändern. Entschlossenheit ist gefragt, die nicht darauf wartet, dass die anderen etwas tun. Jeder hat es in der Hand, seine Situation zu verändern, indem er die Missstände dieser politischen Praxis in die Schranken weist und der LINKEN den Auftrag erteilt, durch Verantwortung dieses Land mit zu gestalten. Es ist Zeit für Veränderungen! Unsere Demokratie braucht wieder ein glaubwürdiges Gesicht! Sie hat es verdient, dass sich alle jene auf den Weg zur Urne machen, die betroffen sind von den skandalösen Zuständen in Deutschland, die Sorge haben um unsere Kinder und unser Land und deshalb ihren Beitrag dazu leisten, unserem Land und unseren Bürgern verlorene Werte wieder zurück zu geben. Wer sich nicht bewegt, wird nichts erreichen. Oskar Lafontaine und Gregor Gysi stehen in ganz besonderer Weise für die Ziele, die es in Deutschland zu verwirklichen gilt. WASG und PDS haben es mit diesen beiden Charakteren an der Spitze geschafft, einen wertvollen Beitrag zur Wiedervereinigung zu leisten. In der Gründung der LINKEN kommt zum Ausdruck, dass Aufbruch und ein gemeinsames Miteinander wichtiger sind als die ewigen

Horrorszenarien, die von ewig gestrigen an die Wand gemalt werden. Hier wurde ein Prozess eingeleitet, der sich nicht nach alter Manier den Bürger als Opfer sucht, sondern sich die Belange des einzelnen zum Maßstab nimmt und daran gemessen werden will, wie viel man davon verwirklichen kann.

Was die beiden Vorsitzenden der LINKEN in so kurzer Zeit geschafft haben, wurde von den etablierten Parteien zwanzig Jahre lang verhindert. Die Zahl jener, die unter den Maßnahmen von Union uns SPD immer mehr in Mitleidenschaft gezogen werden, wächst täglich. Die Aussicht auf eine Regierungsbeteiligung durch Westerwelles FDP, die ein mehr an Eigenleistung und einen größeren Schutz für alle will, die etwas vor der Steuer zu verbergen haben, ist nicht dazu angetan, mehr Vertrauen zu den aktuell Regierenden zu schaffen. Aus diesem Grunde ist es wichtig, die Gewichte für die nächsten Jahre so zu bestimmen, dass jene, die sich bis heute am Staat bedient haben, nicht mehr unkontrolliert fühlen können.

Die LINKE hat den Anspruch und das Potential, für jene einzutreten, die unter angeblich christlichem Anspruch an den Rand der Gesellschaft gedrängt wurden und unter menschenunwürdigen Zuständen ihre Kinder aufziehen müssen. Die LINKE steht für Frieden in der Welt, der durch die deutsche Außenpolitik gefordert und gefördert werden muß – auch wenn „Freunde" dabei harte Worte zu hören bekommen und der nicht nach dem Muster der Bündnis90/Die Grünen der Beliebigkeit geopfert wird, wenn es darum geht, Pöstchen und Regierungsverantwortung zu sichern. Die LINKE steht für Frieden im Innern, der durch die Schaffung von sozialer Gerechtigkeit hergestellt werden muß und nicht weiter der Willkür weniger das Wort geredet wird, die dem Bürger soziale Verbrechen als Wohltaten verkaufen wollen. Die LINKE ist bereit, die Verantwortung für die Mitgestaltung unseres Landes in Frieden und Gerechtigkeit zu tragen und der Politik ein menschliches Angesicht zu verleihen, das für den Menschen wieder greifbar ist.

Union und SPD brauchen ein starkes Gegengewicht, das ihnen klar macht, dass die Zeiten vorbei sind, in denen der Bürger getäuscht werden kann und sich mit falschen Zahlen zufrieden gibt. Die Karten müssen auf den Tisch und die Misswirtschaft derer, die sich Jahre lang hinter frisierten Zahlen versteckt haben, muß zur Rechenschaft gezogen

werden. Die politische Verantwortung dafür zu übernehmen kann dieses Mal nicht ausreichen.

Die FDP als notorischer Sozialversager muß auf ein gehö-
riges Maß zu Recht gestutzt werden, da diesem Verein nicht
die geringste Verantwortung zugemutet werden kann. Dies
hat sie oft genug bewiesen. Aus diesem Grunde wären für
Westerwelle und seine ideenlosen Gefolgsleute 4,3% bei
den kommenden Wahlen mehr als genug. Außerhalb par-
lamentarischer Verantwortung sind eben Leute, die sich
einen Dreck um das Gemeinwesen scheren und nur auf
ihren Vorteil schauen, am besten aufgehoben. Es kann sich
auch wirklich jeder sicher sein, dass die so genannte „liberale Politik" niemandem fehlen wird, wenn sie vom Bürger
erst einmal aus den Landtagen und dem Bundestag ver-
bannt worden ist. Wir konnten dies bereits beobachten und
nur der bedauerlichen Vergesslichkeit der Menschen ist es
zuzuschreiben, dass sich wieder Liberale in die Landtage
von Hessen und Bayern einschleichen konnten.

Wenn sich die Grünen weiter anbiedern und sich noch
mehr von den Zielen entfernen, die ihnen einmal den Rang
eingebracht haben, den sie heute noch für sich beanspruchen, so ist die klare Konsequenz, dass sie sich vor dem

Wähler zu ihrem Wertewandel bekennen müssen. Die Wahlbetrügereien, die von Künast und Trittin dem Volk aufgetischt werden, sprechen ein klare Sprache. Regieren um jeden Preis! Dies kann nicht die Lösung sein, denn die Grünen haben damit alles aufgegeben, was sie früher einmal ausgezeichnet hat. Spätestens seit den Kriegsbeteiligungen der Bundeswehr, die mit deren Zustimmung eingeleitet wurden, ist die Frage des Pazifismus und der unbedingten Friedenspolitik zu klären. Eine wirklich ehrliche Auskunft dazu sind sie bis heute schuldig geblieben. Das Töten mit grünen Segen geht aber munter weiter.

Die Wahlen in diesem Jahr werden für eine geraume Zeit die Weichen stellen, wie die Zukunft Deutschlands in den nächsten 20 Jahren aussehen soll. Wer auch nur das geringste Interesse an einem friedlichen, freien und sozial gerechten Deutschland hat, in dem die Leistung eines jeden Mitglieds der Gesellschaft anerkannt wird, in dem jeder menschenwürdig leben kann und Kinder nicht in Armut ihr Dasein fristen müssen, der hat es mit seiner Stimme in der Hand, STOP zu sagen zu Raubbau und Desinformation, zu Verschleierung und Vertuschung und vor allem zu einer Gesellschaftsgestaltung, in der soziale Unruhen immer wahrscheinlicher werden. STOP zu sagen zu Krieg und sozialer Kälte sowie zu Politikern, die sich von den Niederungen des normalen Menschen so weit entfernt haben, wie es sich für Volksvertreten nicht mehr zu verantworten ist. Es muß etwas geschehen, das allen Schichten der Gesellschaft die Augen öffnet für das, was wichtig ist. Darum STOP für die Oberflächlichkeit, mit der in diesem Land darüber gesprochen wird, mit wie viel Entlassungen wieder Milliarden an Gewinnen gemacht werden können. STOP mit dem Missbrauch von Steuergeldern in Sektoren, die nach den so laut geforderten Gesetzen der Marktwirtschaft sich selber überlassen werden müssen. Sie haben gewissenlos Misswirtschaft betrieben. Das Vertrauen ist nicht mehr in Leute zu investieren, die durch Betrügereien ganze Volkswirtschaften an den Rand des Abgrundes getrieben haben. Es müssen Konsequenzen für diese Leute gezogen werden, um für nachfolgende Generationen von Managern klare Exempel zu statuieren. Vergleichbares darf sich nicht wiederholen. Darum STOP zu dieser Rechtsanwendung, die sich nicht um die Verfolgung derartiger Verbrechen schert.

Es gilt Zeichen zu setzen! Jeder Bürger hat es in der Hand und keiner kann sagen, er habe es nicht gewusst. Wer nicht aufsteht aus Bequemlichkeit, hat keine Verbesserungen – gleich welcher Art – verdient. Obama's Wahlkampf stand für Veränderung. „Change" war sein Wahlspruch, den die Menschen auf den Straßen millionenfach propagiert haben. Jeder wusste, wofür dieses „Change" – „Wechsel" – steht. Aufkleber, Anstecker und Schilder mit nur diesem einen Wort verkündeten eine klare Botschaft, die jedem Amerikaner klar war und ihm verdeutlichte, was er zu tun hat, wenn er diesen Wechsel will.

STOP, so ist die klare Botschaft an die Wählerinnen und Wähler unseres Landes für die anstehenden Monate, in denen es um die Besetzung vieler Parlamente geht. Wer eine Veränderung will, hat die Pflicht, an die Urnen zu gehen und klar zu machen was er will.

STOP mit der Beliebigkeit!

STOP mit dem „weiter so" der Union!

STOP mit den Sozialverbrechen der SPD!

STOP mit der Verarmung Deutschlands und seiner Kinder!

STOP mit Misswirtschaft und Steuerverschwendung!

STOP mit Verlogenheit und vorsätzlicher Wählertäuschung!

STOP – weil es nicht so weiter gehen kann und darf!

In den kommenden Wahlen heißt es ganz klar STOP, denn Deutschland hat eine LINKE Chance!

Hartz-IV-Empfänger nach Afghanistan

"Um das Wohl der Bundeswehr sorgt sich die Bundesregierung schon sehr. Deshalb sollen auch keine deutschen Soldaten in den unruhigen Süden Afghanistans entsandt werden, wie es gestern in Berlin hieß. Allerdings gibt es neue Überlegungen der Bundesregierung, wie man Südafghanistan befrieden könne.

Hatte zunächst Verkehrsminister Tiefensee vorgeschlagen, Arbeitslose als Anti-Terror-Patrouillen im öffentlichen Nahverkehr einzusetzen, überlegt nun Verteidigungsminister Jung, Arbeitslose für den Anti-Terror-Kampf am Hindukusch zu verpflichten. Afghanistan sei das ideale Einsatzgebiet für Hartz-IV-Empfänger, heißt es im Verteidigungsministerium. Es würde insgesamt ein doppelter Spareffekt eintreten. Erstens gäbe es eine Entlastung für die extrem teuren Bundeswehr-Einsätze, und zweitens würde durch die zu erwartenden Verluste unter den Hartz-IV-Empfängern der Milliarden-Überschuss der Nürnberger

Bundesagentur für Arbeit noch einmal wachsen. Erste Ein-
berufungen für den Afghanistan-Dienst können Arbeitslose
dann voraussichtlich kurz vor Weihnachten erwarten."[28]

PETER HARTZ

"Der wahre Grund für die Arbeitslosigkeit ist die Gleichgültigkeit der nicht Betroffenen."

DGB-CHEF MICHAEL SOMMER

"Für Langzeitarbeitslose wird es günstigere Einstiegstarife
geben. Da haben wir eine moralische Verpflichtung."

HEINER GEISSLER
ÜBER ARBEITSLOSIGKEIT IN DEUTSCHLAND

"Wenn ein 50jähriger oder eine 53jährige arbeitslos wird,
dann landen sie, auch wenn sie ihr Leben lang Steuern ge-

---

28 aus: taz, 29. August 2006

zahlt und Kinder großgezogen haben, spätestens nach einem Jahr bei Hartz IV kriegen 345 Euro und müssen fast alles versilbern, was sie für sich und ihre Familie erarbeitet haben. Die werden behandelt wie ein 22jähriger Alkoholiker, der noch nie einen Hammer in der Hand gehabt hat. Sie werden einer Lebenssituation ausgesetzt, die einfach unserer Gesellschaft, unserer Verfassung, unserer Ethik unwürdig sind."

IG-MEDIENCHEF DETLER HENSCHE

"Ich halte diese Form, einen Arbeitslosen in den ersten sechs Monaten zum Arbeitslosengeld auszuleihen, für eine moderne Form der Zwangsarbeit"

GERHARD SCHRÖDER

"Es geht nicht um Bestrafung. Es geht hier darum, entlang von Zumutbarkeiten Gestaltung vorzunehmen."

ANONYMER BEITRAG

Für die Politiker gibt es natürlich keine Armut in Deutschland. Aber für einen selbst ist es lebenswichtig, die eigene Situation realistisch einzuschätzen. Wer dabei die Altervorsorge vergisst, der verschiebt ggf. die Armut nur auf später. Das ist nichts anderes, als wenn ein Bauer sein Saatgut verkaufen würde, um seinen Kindern ein paar Schuhe zu kaufen. Das ist zwar vielleicht lieb gemeint, aber einfach naiv und gefährlich. Dann haben die Kinder zwar warme Füße, aber verhungern dafür im kommenden Jahr.[29]

ROLAND BAADER

Irgendjemand - vorzugsweise der Staat - wird uns schon über die Runden retten. Harte Arbeit, auch für die Familie und die Kinder und für die Zukunft der Nachkommen, wird als dumm und einfältig betrachtet, Schulden machen und die Staatstöpfe anzapfen als clever und pfiffig. Sparen und Vorsorgen werden mehr und mehr zum Laster - und Konsum und unablässiger Genuss zur Tugend. Die Menschen fallen in einen Zustand permanenten Nicht-

---

[29] Beitrag aus: gutefrage.net

Erwachsenseins. Letztlich ist [das] der Weg in die Staatsab-
hängigkeit.[30]

„KÜRZUNGSOPTIMALE

Der Hartz-IV-Generalkürzungssekretär der CSU, Markus
Söder, hat heute einen weiteren Vorschlag zur Kürzung der
Noch-nicht-Gekürzten eingebracht. Künftig soll ALG II-
Empfängern nicht erst die Leistung gekürzt werden, wenn
sie ein Vermittlungsangebot abgelehnt haben, sondern
schon, bevor sie eines erhalten haben. Langfristig denkt
Herr Söder übrigens daran, die Leistungen zu streichen, ehe
ALG II-Empfänger auf die Welt kommen."[31]

URSULA ENGELEN-KEFER

Mit dem SGB-II-Optimierungsgesetz wird Hartz IV keinen
Deut besser. Die Bundesregierung setzt auf verschärfte
Kontrollen und Kürzungen, ohne die Arbeitsförderung zu

---

[30] Die belogene Generation: Politisch manipuliert statt zukunftsfähig informiert, Gräfelfing 2005

[31] Aus: Deutscher Einheit(z)-Textdienst von Werner Lutz 10/2006

---

verbessern. Damit wird das Prinzip ,Fördern und Fordern'
immer mehr zu einer Blaupause für Sozialabbau…[32]

KLAUS BRANDNER, SPD

„Ich käme mit 345 Euro über die Runden!"[33]

PETER HARTZ

"Ich bin ein Überzeugungstäter. Ich bin sicher, dass wir das
Problem der Arbeitslosigkeit lösen können!"[34]

---

[32] Die stellvertretende DGB-Vorsitzende Ursula Engelen-Kefer in der DGB-
Pressemitteilung vom 09.05.2006

[33] Klaus Brandner, wirtschafts- und arbeitsmarktpolitischer Sprecher der SPD-
Bundestagsfraktion und seit 1988 Geschäftsführer und 1. Bevollmächtigter der
IG Metall Gütersloh, im Interview von Ralf Wurzbacher in Junge Welt vom
17.01.2005: „SPD-Politiker findet »Hartz IV« voll in Ordnung. Eventuell kleinere
Nachbesserungen – mehr aber nicht. Ein Gespräch mit Klaus Brandner."

[34] Peter Hartz, damaliger VW-Vorstandsvorsitzender und Namensgeber
der Reform am 24.02.2002

LAUMANN KÜNDIGT MASSIVE ÄNDERUNGEN BEI HARTZ IV AN

Der neue nordrhein-westfälische Arbeitsminister Karl Josef Laumann (CDU) hat für den Fall eines Machtwechsels im Bund eine Generalüberholung der Hartz-Reformen in Aussicht gestellt. Außerdem würde eine CDU-geführte Regierung nach Laumanns Worten die Personal-Service-Agenturen (PSA) abschaffen. "Private Zeitarbeitsfirmen machen das genauso gut", wird er zitiert.[35]

NEUE OSNABRÜCKER ZEITUNG

Gleich mehrfach trickst die Arbeitsagentur. Immer wieder werden neue Gruppen aus der Quote geworfen: (...) Selbst das sicher hilfreiche Mittel Kurzarbeit hat den »angenehmen« Nebeneffekt, dass derzeit 1,1 Millionen Menschen zwar (auch auf Staatskosten) viel mehr Freizeit haben, nicht aber als arbeitslos gelten.[36]

---

[35] RP-Online 29.6.2006

[36] Aus dem Kommentar der Neuen Osnabrücker Zeitung vom 30./31. Mai 2009

THILO SARAZIN, SPD

"Hartz-IV-Empfänger sind erstens mehr zu Hause; zweitens haben sie es gerne warm, und drittens regulieren viele die Temperatur mit dem Fenster."[37]

DIE ZEIT – ONLINE

"Professor hält 132 Euro Hartz IV für ausreichend."[38]

WOLFGANG CLEMENT, EX-SPD

"Ich weiß, dass die Menschen sich in vielfältiger Weise betroffen fühlen, und ich weiß auch, dass das eine gravierende Veränderung gegenüber bisher ist! Sollten sich in der Praxis fehlerhafte Entwicklungen zeigen, werden wir selbstverständlich eingreifen. "[39]

---

[37] SPD Finanzsenator Thilo Sarrazin Hartz IV - Hartz 4 Zitat des Tages junge Welt Berlin am 14.05.2009

[38] Ausgabe vom 05.09.2008 – Für Kinder wären diesen „Berechnungen" zu Folge 79 Euro ausreichend!

[39] Spiegel Online, 03.09.2004 – Damals war Wolfgang Clement noch Mitglied der SPD und trampelte auf den ärmsten unseres Landes mit Wollust herum. Heute tut er dies außerhalb der SPD.

FOCUS ONLINE

Trotz steigender Einnahmen machen die Kassen weiter Milliardendefizite. Für Ulla Schmidt ist das aber kein Grund, ihren Kurs zu korrigieren.[40]

ALT-BUNDESKANZLER HELMUT SCHMIDT

Politiker müssen nicht immer alles sagen, was sie wissen. Aber sie dürfen niemals lügen.[41]

WELT ONLINE

Zwei Drittel der Deutschen wissen nicht, was der „Gesundheitsfond" ist, ermittelte jetzt ein Umfrageinstitut — was den Gedanken nahe legt, dass diese Einrichtung zur Steuerung der Geldströme im Gesundheitswesen gar nicht erklärt werden kann, weil das, was mit ihm erreicht werden soll gar nicht erreicht bar ist. Obwohl viele Experten wissen

---

[40] Ausgabe vom 04.06.2008

[41] Welt Online vom 01.06.2009

– wenige es aber nur hinter vorgehaltener Hand weitertuscheln – dass mit unserem Beitragsumlagesystem die Bevölkerung in Gänze nicht mehr auf dem neuesten Stand der wissenschaftlichen Forschung versorgt werden kann, hält die Politik an anders lautenden Glaubenssätzen fest.[42]

ANGELA MERKEL, BUNDESKANZLERIN

„Es ist nicht einfach, den Sparerfreibetrag zu reduzieren; es ist nicht einfach, die Pendlerpauschale zu reduzieren; es ist nicht einfach, die Eigenheimlage zu streichen. ... Glauben Sie nicht, dass das irgendeinem der Abgeordneten hier in diesem Hause leicht fällt.''

ANGELA MERKEL, 16.06.2005 IN BERLIN

"... ich finde, wir müssen uns wenigstens wieder Gedanken darüber machen, wie Politiker neues Vertrauen gewinnen können, wie sie gewonnenes Vertrauen nicht sofort wieder

---

[42] Welt online, 01.06.2009

enttäuschen, wie sie gewonnenes Vertrauen also auch wieder rechtfertigen können."

WOLFGANG SCHÄUBLE

"Die rechtsstaatlichen Grundsätze schließen ja nicht aus, dass man bestimmte Freiheitsrechte einschränken kann. Aber es gibt bestimmte Dinge, auf die wir verzichten".[43]

S.H. PAPST BENEDIKT XVI.
CARITAS IN VERITATE

»*Caritas in veritate*«ist das Prinzip, um das die Soziallehre der Kirche kreist, ein Prinzip, das in Orientierungsmaßstäben für das moralische Handeln wirksame Gestalt annimmt.

---

[43] SZ, 16.12.2005, S. 1, 7 Als Innenminister plädiert Schäuble gar für den Einsatz der Bundeswehr gegen die eigene Bevölkerung: Allgemeine Menschenrechtsverletzungen Die Grundrechte empfindet Schäuble anscheinend als großzügige Gabe der Politiker an die Bürger: Er verzichtet auf bestimmte Einschränkungen.

Besonders zwei von ihnen möchte ich erwähnen, die speziell beim Einsatz für die Entwicklung in einer Gesellschaft auf dem Weg zur Globalisierung erforderlich sind: *die Gerechtigkeit und das Gemeinwohl.*[44]

„Wir erkennen so, dass die Befürchtungen der Kirche bezüglich der Fähigkeiten des rein technisch orientierten Menschen, sich realistische Ziele zu setzen und die zur Verfügung stehenden Mittel in angemessener Weise zu handhaben, begründet waren. Der Gewinn ist nützlich, wenn er in seiner Eigenschaft als Mittel einem Zweck zugeordnet ist, welcher der Art und Weise seiner Erlangung ebenso wie der seiner Verwendung einen Sinn verleiht. Die ausschließliche Ausrichtung auf Gewinn läuft, wenn dieser auf ungute Weise erzielt wird und sein Endzweck nicht das Allgemeinwohl ist, Gefahr, Vermögen zu zerstören und Armut zu schaffen. [...] So wird die Krise *Anlass zu Unterscheidung und neuer Planung.*"[45]

---

[44] Papst Benedikt XVI., Caritas in veritate, Einleitung

[45] Benedikt XVI., Caritas in veritate, 2. Kap., RN 21

*„Absolut gesehen, nimmt der weltweite Reichtum zu, doch die Un-
gleichheiten vergrößern sich.* In den reichen Ländern verarmen
neue Gesellschaftsklassen, und es entstehen neue Formen
der Armut. […] »Der Skandal schreiender Ungerechtigkeit«
hält an."[46]

„Die Würde der Person und die Erfordernis-
se der Gerechtigkeit verlangen, dass – vor allem heute – die
wirtschaftlichen Entscheidungen die Unterschiede im Be-
sitztum nicht in übertriebener und moralisch unhaltbarer
Weise vergrößern und dass *als Priorität weiterhin das Ziel verfolgt* wird, *allen Zugang zur Arbeit zu verschaffen* und für den
Erhalt ihrer Arbeitsmöglichkeit zu sorgen. Recht besehen
erfordert das auch die »wirtschaftliche Vernunft«."[47]

---

[46] Benedict XVI., Caritas in veritate, RN 22

[47] Benedict XVI., Caritas in veritate, RN 32

„»Zu übersehen, dass der Mensch eine verwundete, zum Bösen geneigte Natur hat, führt zu schlimmen Irrtümern im Bereich der Erziehung, der Politik, des gesellschaftlichen Handelns und der Sittlichkeit«. Zur Aufzählung der Bereiche, in denen sich die schädlichen Auswirkungen der Sünde zeigen, gehört nun schon seit langer Zeit auch jener der Wirtschaft. Auch unsere Zeit liefert uns dafür einen offensichtlichen Beleg. Die Überzeugung, sich selbst zu genügen und in der Lage zu sein, das in der Geschichte gegenwärtige Übel allein durch das eigene Handeln überwinden zu können, hat den Menschen dazu verleitet, das Glück und das Heil in immanenten Formen des materiellen Wohlstands und des sozialen Engagements zu sehen. Weiter hat die Überzeugung, dass die Wirtschaft Autonomie erfordert und keine moralische „Beeinflussung" zulassen darf, den Menschen dazu gedrängt, das Werkzeug der Wirtschaft sogar auf zerstörerische Weise zu missbrauchen."[48]

STOP

---

[48] Benedict XVI., Caritas in veritate, RN 34

www.ingramcontent.com/pod-product-compliance
Lightning Source LLC
Chambersburg PA
CBHW051747250726
48659CB00001B/295